Aufbau eines Grundwortschatzes: Klasse 1 und 2

Lehrer-Bücherei: Grundschule
Herausgegeben von Horst Bartnitzky und Reinhold Christiani

Ingrid Niedersteberg

Aufbau eines Grundwortschatzes: Klasse 1 und 2

Grundwortschatz
Erarbeitung und Übung
Differenzierung

Gedruckt auf chlorfrei gebleichtem Papier
ohne Dioxinbelastung der Gewässer.

CIP-Titelaufnahme der Deutschen Bibliothek

Niedersteberg, Ingrid:
Aufbau eines Grundwortschatzes: Klasse 1 und 2:
Grundwortschatz, Erarbeitung u. Übung,
Differenzierung / Ingrid Niedersteberg. –
Frankfurt am Main: Cornelsen Scriptor, 1986.
  (Lehrer-Bücherei: Grundschule)
  1. Aufl. im Verl. CVK, Bielefeld
  ISBN 3-589-05001-2

9. 8. 7. 6. 5.   Die letzten Ziffern bezeichnen
99 98 97 96 95   Zahl und Jahr des Drucks.

1. Auflage 1983: Verlagsrechte bei Cornelsen-Velhagen & Klasing
Verlagsgesellschaft mbH, Bielefeld

© 1986 Cornelsen Verlag Scriptor GmbH & Co., Frankfurt am Main
Das Werk und seine Teile sind urheberrechtlich geschützt.
Jede Verwertung in anderen als den gesetzlich zugelassenen Fällen
bedarf deshalb der vorherigen schriftlichen Einwilligung des Verlags.
Umschlagentwurf: Dietrich Kahnert, Berlin
Gesamtherstellung: Hans Kock Buch- und Offsetdruck GmbH, Bielefeld
Vertrieb: Cornelsen Verlag, Berlin
Printed in Germany
ISBN 3-589-05001-2
Bestellnummer 050012

INHALT

1. AUFBAU UND SICHERUNG EINES GRUNDWORT-SCHATZES ... GRUNDSÄTZLICHE ÜBERLEGUNGEN

1. Warum die deutsche Rechtschreibung so schwierig ist ... ein Beispiel — 7
2. Vorteile der Arbeit mit einem Grundwortschatz — 9
3. Was ist mit Grundwortschatz gemeint? — 9
4. Nach welchen Kriterien soll ein Grundwortschatz aufgebaut werden? — 11
5. Wieviel Wörter soll der Grundwortschatz umfassen? — 13
6. Wortmaterial aus vorgegebenen Grundwortschätzen — 14
7. Zum Zusammenhang von Sprachunterricht und Rechtschreibunterricht — 19

2. WICHTIGE PRINZIPIEN BEI DER ARBEIT MIT EINEM GRUNDWORTSCHATZ

1. Einbettung in Situationen — 21
2. Training der Wörter — 24
3. Wiederholung von Wörtern — 32
4. Wortschatzerweiterung — 34
5. Verschiedene Lösungswege anbieten oder verschiedene Eingangskanäle nutzen — 35
6. Innere Differenzierung — 40
7. Zusammenfassung — 42

3. AUFBAU EINES GRUNDWORTSCHATZES IM 1. SCHULJAHR

1. Zum Zusammenhang von Erstlesen, Schreiben und Rechtschreiben — 44
2. Wann kann mit dem systematischen Aufbau eines Grundwortschatzes begonnen werden? — 45
3. Zur Auswahl der Wörter — 45
4. Handwerkszeug, das jeder Schüler für die Arbeit braucht — 47
5. Vorschläge für die Arbeit mit den Wortkarten und der Wortliste — 49
6. Käufliche Materialien für die Arbeit mit dem Grundwortschatz — 52
7. Angebot selbstgefertigter Arbeitsmittel — 55
8. Thema: „Omas alte Puppe" (Einführungsstunde) — 63
9. Übungssequenz zu den Wörtern im Laufe der Woche — 68
10. Pro Woche etwa drei bis fünf Lernwörter ... Ausschnitte aus der weiteren Arbeit — 71
11. Zur Überprüfung oder Kontrolle des Grundwortschatzes — 74
12. Behandlung von Besonderheiten — 76

4. AUFBAU EINES GRUNDWORTSCHATZES IM 2. SCHULJAHR

1. Zielsetzungen der Rechtschreibarbeit im 2. Schuljahr 77
2. Zur Gewinnung und Auswahl der Wörter 79
3. Ordnungshilfen für den Lehrer 82
4. Handwerkszeug, das jeder Schüler braucht 84
5. Vorschläge für die Arbeit mit dem ABC-Heft 86
6. Käufliche Materialien für die Arbeit mit dem Grundwortschatz 88
7. Angebot selbstgefertigter Arbeitsmittel 90
8. Pro Woche 6 Lernwörter . . .
   Beispiele aus dem Unterricht 96
   — Was wir gern essen 96
   — Einführung der Wörter am, an, im, vom, von, vor 98
   Doppelte Mitlaute im Wortinneren und am Ende von Wörtern 99
   — Wir schreiben über uns 100
   — Wir erfinden Geschichten mit Wörtern aus dem ABC-Heft 102

5. AUF EINEN BLICK

Welche Vorzüge hat die Arbeit mit einem Grundwortschatz? 104
Wie wird ein Grundwortschatz aufgebaut? 104
Wie wird die Arbeit mit einem Grundwortschatz für das Verfassen eigener Texte genutzt? 104

LITERATUR 105

SPRACHSTATISTISCHE UNTERSUCHUNGEN ZUR RANGHÄUFIGKEIT VON WÖRTERN DER DEUTSCHEN SPRACHE UND VORGEGEBENE GRUNDWORTSCHÄTZE 107

1. AUFBAU UND SICHERUNG EINES GRUNDWORTSCHATZES ...
GRUNDSÄTZLICHE ÜBERLEGUNGEN

Warum die deutsche Rechtschreibung so schwierig ist ...
Ein Beispiel

Roland, Schüler einer 2. Klasse, soll ein Wort in dem folgenden Satz ergänzen:
Wir singen ein ......
„/li:t/" hört er die Lehrerin sagen.

Den 3 Lauten entsprechen 3 Buchstaben, also wäre lit zu schreiben.
Hätte Roland das Wort noch nie gesehen und geschrieben, müßte er um folgendes wissen:
1. Lied ist ein Substantiv, also wird das /l/ am Anfang groß geschrieben, -L-.
2. Das /i:/ wird hier lang gesprochen und durch die Buchstabenkombination -ie- wiedergegeben, wie bei den meisten Wörtern mit einem langen /i:/ (aber: mir, ihr, ...).
3. Das stimmlose /t/ am Wortende wird in diesem Fall durch -d- wiedergegeben, weil Wortstämme gleich geschrieben werden (Lied, Lieder, Liedchen).
4. Aus dem obigen Satz geht hervor, daß das Lied, welches man singt, gemeint ist und nicht das Lid des Auges. Die beiden Wörter klingen zwar gleich, jedoch werden sie unterschiedlich geschrieben, weil die Bedeutung nicht die gleiche ist. Diese ausgefallene Besonderheit kann Roland natürlich in einem 2. Schuljahr noch nicht kennen.

Das Beispiel (in Anlehnung an Menzel 1978) soll ins Bewußtsein rufen, daß ein Wort in seiner Schreibung durch verschiedene Regelungen oder Prinzipien bestimmt wird.
Da die deutsche Rechtschreibung ein gewachsenes historisches Gebilde ist, hat nahezu jedes Wort seine eigene Geschichte und wird von verschiedenen Prinzipien bestimmt (Menzel 1978, S. 16).
Der Satz „Schreibe, wie du sprichst!" stimmt — leider — nicht, da nur sehr wenige Wörter so geschrieben werden, daß die einzelnen Laute getreu abgebildet werden (wie z.B. bei bunt, fort, halt).
Im Rechnen ist 2 x 2 = 4.
Im Rechtschreiben ist — zum Beispiel — /i/ oder /i:/ nicht gleich -i-. Der Laut kann kurz oder lang gesprochen werden und wird in der Schreibung verschieden wiedergegeben.
Beispiel: (Menzel 1978, S. 18)

①	→ kurzes	/i/	i:	an-/inlautend vor Mehrfachkonsonanz (irgend, finden) an-/inlautend vor Doppelkons. (irre, zittern), vor sch (Fisch) Besonderheit: anlautend vor Einfachkonsonanz (in, im)
	→ langes	/i/	i	an-/inlautend vor Einfachkonsonanz (Igel, Lid) Besonderheit: in Fremdwörtern (Maschine, Kino)
		. . . . .	ih:	an-/inlautend vor m, n, r (ihm, ihn, ihr)
		. . . . .	ie:	an-/inlautend vor Konsonanten (Dieb, Stiel, Bier) auslautend (die, sie)
		. . . . .	ieh:	stammschließend (Vieh, morph. Prinzip (sieh ← sehen)
		. . . . .	y:	Besonderheit: nur in Fremdwörtern (Hobby)

Diese „Knifflichkeiten" tauchen mehr oder weniger bei der schriftlichen Wiedergabe sehr vieler Laute auf und machen die Sache Rechtschreiben so schwierig. Nur Experten können die Besonderheiten speichern.

In der alltäglichen Schulpraxis geht es darum, nach einem vernünftigen Maß des Rechtschreiben-Könnens zu suchen.

Denn eines steht fest: Für Roland und die vielen anderen Schüler wird eine gewisse Beherrschung der Rechtschreibung für die weitere Schullaufbahn und ihr späteres Leben unverzichtbar sein. Der gesellschaftliche Stellenwert der Rechtschreibung wird nämlich immer noch hoch angesetzt.

H.-H. Plickat meint hierzu:
„Ob jemand den Satz des Pythagoras anwenden kann oder nicht, bleibt außerhalb der Schule zumeist bedeutungs- und folgenlos. Die Schreibweise ‚das/daß' nicht zu beherrschen, kann sich dagegen unmittelbar auf Berufschancen, Ansehen und psychisches Wohlbefinden auswirken" (Plickat u. a. 1979, S. 165).

Weil das so ist, muß die Schule Kinder in die Lage versetzen, richtig zu schreiben. Das kann aber nicht bedeuten, daß etwa die mehr als 200 000 Wörter gekonnt werden, die im Duden stehen.

Es muß vielmehr eine Auswahl getroffen, ein gewisses „Rüstzeug" vermittelt werden.

Vorteile der Arbeit mit einem Grundwortschatz

Dieses rechtschriftliche Rüstzeug wird in der Vermittlung eines Grundwortschatzes gesehen.
Das ist eine alte Forderung (Greil 1981, S. 49; Kochan 1981, S. 483). So hielt z.B. schon P. Petersen die Lehrer an, sich bei der Auswahl der Wörter auf „ein pflegerisches Einüben der wirklich gebrauchten 800 - 900 Wörter zu beschränken" (Petersen 1969, S. 206).
Die Forderung

| Arbeit mit einem Grundwortschatz |

gilt heute noch genauso.

Folgende *Vorteile* lassen sich nennen:
Die Arbeit mit einem Grundwortschatz
— macht die Aufgabe Rechtschreiben überschaubar.
  Auslernen im Rechtschreiben kann man als gewöhnlicher Mensch nie. Dazu ist der Duden mit seinen 792 Seiten viel zu dick. Dazu sind die Probleme zu komplex. Wird aber der Umfang des Wortmaterials eingegrenzt, wird aus der endlosen Aufgabe eine endliche;
— gibt Kindern, Lehrern und Eltern eine Übersicht darüber, *was* im Rechtschreiben gelernt werden soll;
— ermöglicht den Beteiligten durch die Eingrenzung der Aufgabenstellung gezieltes Üben;
— gibt Schülern die Chance zum selbständigen Arbeiten und fördert dadurch Spaß am Lernen;
— macht Lernfortschritte transparent und erleichtert die Einplanung individueller Übungen und gezielter Hilfen;
— erhöht den Lerneffekt im Rechtschreiben, da die Schüler Gelegenheit haben, Wörter durch häufige Wiederholung im Langzeitgedächtnis zu speichern;
— schließt die Möglichkeit des Transferlernens ein; d.h., daß Schüler durch die Arbeit mit bestimmten Wörtern und Wortelementen viele andere Wörter mitlernen (z.B. Kind — Wind — sind — blind).
Diese Vorteile sprechen für die Arbeit mit einem Grundwortschatz im Rechtschreibunterricht. Vor der Konkretisierung dieser Aufgabe für die tägliche Schulpraxis sind noch einige Fragen zu klären.
Zunächst einmal . . .

Was ist mit Grundwortschatz gemeint?

Mit dem Begriff Grundwortschatz sind im allgemeinen Verständnis die Wörter gemeint, die man in der deutschen Sprache *am häufigsten* gebraucht.

So wird z.B. das Wort Kind sehr viel öfter verwendet als das Wort Vetter. Die „kleinen Wörter" der, die, das, und, oder gebrauchen wir sehr viel häufiger als z.B. dessen, derer oder dennoch.
Sprachstatistische Untersuchungen führten zu der Erkenntnis, daß man mit den 1000 Wörtern, die am häufigsten vorkommen, rund 80 % aller Normaltexte des täglichen Lebens bestreiten kann.
Diese Feststellung muß Folgen für den Rechtschreibunterricht haben. Es kann nicht Aufgabe der Schule sein, Schüler mit den Besonderheiten und Raffinessen der deutschen Orthographie zu konfrontieren. Es geht vielmehr um das Erlernen der Wörter, die für den täglichen Sprachgebrauch des Schülers bedeutsam sind und sein werden.
Nun läge die Forderung nahe, eine Liste mit den 1000 Wörtern vorzulegen, damit jeder Lehrer an jedem Ort mit jedem Kind diese Wörter einüben kann.
So einfach ist die Sache aber nicht!
Denn es gibt keinen allgemein anerkannten Grundwortschatz (Plickat 1980, S. 13). Und es kann keine verbindliche Festlegung der einen oder anderen Zusammenstellung von Wörtern geben. Ein für alle Kinder verbindlicher Grundwortschatz steht im Widerspruch zu einem Sprachunterricht, der an Voraussetzungen und individuelle Interessen der Schüler anknüpfen soll.
Eine starre Vorgabe würde situationsgemäßen Sprachunterricht verhindern. Ein für alle Schüler verbindlicher Grundwortschatz könnte zu einer Zwangsjacke für Lehrer und Kinder werden und zu reinem Drill ausarten.
Aus diesen Gründen ist die prinzipielle Offenheit beim Aufbau eines Grundwortschatzes zu begrüßen.
Zu fragen bleibt . . .

Nach welchen Kriterien soll ein Grundwortschatz aufgebaut werden?

Diese Graphik zeigt:
Im Sprachunterricht geht es um die Förderung kommunikativer Fähigkeiten. Hierzu gehört u.a. die Erweiterung des Wortschatzes. Der individuelle passive und aktive Wortschatz ist weit größer als der Wortschatz, der rechtschriftlich gesichert werden soll. Dieser rechtschriftlich zu sichernde Grundwortschatz richtet sich nach der Häufigkeit und nach den jeweiligen individuellen Bedingungen und situativen Anlässen der einzelnen Klasse. Bei der Aufnahme von Wörtern bleiben Lehrern und Schülern somit Freiheiten.
Hinsichtlich der Auswahl des Wortmaterials sollten dabei vom 1. Schuljahr an *folgende Kriterien* beachtet werden:

Aufbau eines Grundwortschatzes vom 1. Schuljahr an	→	Häufigkeit	Statistisch häufig vorkommende Wörter wie ich, du ..., Kind, Vater, Mutter, spielen etc.
	→	inhaltliche Klarheit	Dieses Kriterium ist eigentlich selbstverständlich. Worthülsen sollen nicht vermittelt werden. Jedes Wort, das in den Grundwortschatz aufgenommen wird, muß inhaltlich klar sein.
	→	Aufnahme wichtiger Lernwörter der Fibel oder des Leselehrgangs	Hierbei spielt u.a. eine Rolle, daß viele Satzvariationen und verschiedene Übungen möglich sind.
	→	Situationsbezug	Aufgrund konkreter Anlässe im Unterricht können Wörter aufgenommen werden, die zwar nicht sehr häufig vorkommen, aber für die Schüler bedeutsam sind, so z.B. die Wörter Puppe, Hund, Katze ...
	→	Erfahrungswelt der Kinder	Die Wörter Roller, Puppe, Ball gehören z.B. nicht zu den statistisch häufigsten Wörtern. Für den Sprachgebrauch der Kinder sind diese Wörter aber bedeutsam. Für Kinder, die an der See aufwachsen, sind andere Wörter wichtig als für Kinder, die in einer Großstadt wohnen. Die je verschiedene Umwelt ist bei der Auswahl der Wörter zu beachten.
	→	Besonderheiten der deutschen Rechtschreibung oder Rechtschreibphänomene	Bei der Zusammenstellung der Wörter ist zu beachten, daß bestimmte Schwierigkeiten der deutschen Rechtschreibung enthalten sind. Beispiel: d — t im Auslaut Kind — Kinder Hut — Hüte Wind — Winde bunt — bunte Durch Verlängern der Wörter können Kinder diese „Rechtschreibfalle" selbst bewältigen.

Die genannten Kriterien sind als Hilfen für den Aufbau eines Grundwortschatzes gedacht, der auf die jeweilige Klasse bezogen ist. Denkbar ist natürlich auch, daß ein Kollegium für die Schule einen Grundwortschatz zusammenstellt, der als „Richtschnur" dient. Bei der Arbeit in der Klasse können dann Wörter ergänzt oder weggelassen werden. *Ein schulbezogener Grundwortschatz,* der Veränderungen zuläßt, hat sicher den Vorteil, daß ökonomischer gearbeitet werden kann. Die gemeinsame Sache erleichtert die Aufgabe und macht einen gezielten Erfahrungsaustausch möglich.
Zu fragen bleibt noch . . .

Wieviel Wörter soll der Grundwortschatz umfassen?

Es fällt schwer, diese Frage zu beantworten, da die Zahlenwerte in der Literatur nicht einheitlich angegeben werden. Sie weichen z.T. erheblich voneinander ab.
Hierzu 3 Beispiele:
Die Bundesländer Berlin und Bayern geben in ihren Lehrplänen einen Grundwortschatz für den Bereich Rechtschreiben an. In der DDR wird seit über einem Jahrzehnt mit einem verbindlichen Mindestwortschatz in den Klassen 1 - 4 gearbeitet.

Quelle	Anzahl der Wörter pro Klasse				Summe der Wörter
	1	2	3	4	
Vorläufiger Rahmenplan für Unterricht und Erziehung in der Berliner Schule, Grundschule: Deutsch/Rechtschreibung, Hrsg.: Senator für Schulwesen, Berlin 1977	20	138	185	227	570
Lehrplan für die bayerischen Grundschulen, Amtsglatt des Bayerischen Staatsministeriums für Unterricht und Kultus, Sondernummer 20, München 7/1981	108	270	305	300	983
Mindeswortschatz für den Rechtschreibunterricht in den Klassen 1 - 4, Volk und Wissen, Berlin (DDR) 1971 (zusammengestellt von E. Wendelmuth)	152	256	389	723	1520

Den geringen Umfang des obligatorischen Berliner Grundwortschatzes begründet B. Kochan folgendermaßen:
„Mit unserer Entscheidung für einen relativ kleinen GWS wollten wir im Unterricht genügend Freiraum für die Arbeit mit den in der Klasse situativ vorkommenden Wörtern ermöglichen. . . . Der minimale GWS soll gründlichst erarbeitet und oft genug geübt werden können, damit ihn schließlich tatsächlich alle Kinder beherrschen" (Kochan 1981, S. 484).
Unter diesem Gesichtspunkt erscheint vor allem eine hohe Anzahl der im 1. Schuljahr zu sichernden Wörter bedenklich (der bayerische Lehrplan nennt 108 Wörter).
Aus der vielfältigen Diskussion um Zahlenwerte und die Verteilung der Wörter auf die einzelnen Schuljahre kann als Richtwert genannt werden: Der rechtschriftlich zu sichernde Grundwortschatz sollte am Ende der Grundschulzeit rund 1000 Wörter umfassen.
Bezüglich der Verteilung auf die einzelnen Schuljahre werden folgende Zahlenwerte vorgeschlagen:

Aufbau eines Grundwortschatzes			
Klasse 1	Klasse 2	Klasse 3	Klasse 4
etwa 50 Wörter	250 Wörter	300 Wörter	400 Wörter
Wegen der unterschiedlichen Voraussetzungen ist die Streubreite hier besonders groß		Je nach den individuellen Voraussetzungen ergeben sich Unterschiede. Rechtschreibsichere Kinder werden mehr Wörter orthographisch beherrschen. Die Arbeit mit Wörterbüchern gewinnt zunehmend an Bedeutung.	
Gesamtsumme: → 300 Wörter		+ 300 W. + 400 W. = 1000 W.	

Wortmaterial aus vorgegebenen Grundwortschätzen

Es sei noch einmal betont, daß es *den* Grundwortschatz nicht gibt. Darum bleibt es Aufgabe der Grundschule, an die Sprache der Kinder anzuknüpfen und einen rechtschriftlich zu sichernden Wortschatz aufzubauen (Hasler 1981).

Aus dem Unterricht mit den Kindern erwachsen die Wörter und werden zur eigenen Sache von Lehrern und Schülern. Von außen allerdings kommen die häufigen Wörter, die berücksichtigt werden müssen.
Als Orientierungshilfe für häufig gebrauchte Wörter ist zu empfehlen: Hans-Heinrich Plickat, Deutscher Grundwortschatz, Weinheim und Basel 1980.
Plickat stellte diesen Grundwortschatz aus fünf Untersuchungen zur Ranghäufigkeit deutscher Wörter zusammen. Bezogen auf die Ranghäufigkeit nimmt er folgende Unterteilung vor:

— der Kernwortschatz — 331 Wörter, die am häufigsten vorkommen,
— der engere Wortschatz — rund 1 500 Wörter,
— der erweiterte Grundwortschatz — rund 4 000 Wörter (mit vielen flektierten Formen).

Der Kernwortschatz mit seinen rund 330 Wörtern wird hier als *Gerüst* für den Aufbau des klassenbezogenen bzw. schulbezogenen Grundwortschatzes für die Klassn 1 - 4 empfohlen.
Er ist nicht nach Schuljahren geordnet.
Wie er bei der Arbeit im 1. und 2. Schuljahr berücksichtigt werden kann, wird an einigen Beispielen im Praxisteil gezeigt.

Der *Kernwortschatz* lautet (Plickat 1980, S. 183-205):

(Aa)	(Bb)	(Dd)	
			du
			durch
Abend der	bei	da	dürfen
aber	beide	dabei	
allein	Beispiel das	damals	(Ee)
als	besonders	danken	
also	Besuch der	dann	eigene
alt	Bett das	daran	eigentlich
an	Bild das	darauf	einfach
andere/andre	bitten	darin	einige
Anfang der	bleiben	darüber	einmal
Angst die	Blume die	darum	Eltern die
Antwort die	Boden der	denken	Ende das
Arbeit die	brauchen	denn	er
arbeiten	Brief der	der	Ernst der
Arbeiter der	bringen	deutsch	erste
Arzt der	Bruder der	Dezember der	erzählen
auch		dies	es
auf	(Cc)	doch	essen
aus	—	dort	etwa
			etwas

fallen
fast
fehlen
Fenster das
fertig
Fest das
fest
Feuer das
finden
fragen
Frau die
frei
freuen sich
Freund der
früh
führen
für

ganz
gar
Garten der
geben
Gefahr die
gefallen
gegen
gehen
Geld das
genau
genug
gerade
gern
Geschäft das
gestern
gesund
gewinnen
Glück das
Grenze die
groß
Grund der
gut

haben
halb
halten
Hand die
handeln
Haus das
heißen
helfen
heraus
Herz das
heute
hier
Himmel der
hin
hinter
hoch
hören
hundert

ich
ihr
immer
in

ja
Jahr
jeder
jemand
jetzt
jung
Junge der
Juni der

kein
kennen
Kind das
klar
klein
können
Kopf der

Kosten die
krank

lachen
Land das
lang
lassen
laufen
laut
Leben das
leben
legen
leicht
Leid das
leiden
lernen
lesen
letzter
Leute die
Licht das
lieben
Luft die

machen
Mädchen das
manch
manchmal
Mann der
Mark die
Mensch der
mit
möglich
Monat der
Morgen der
morgen
Mühe die
Musik die
Mutter die

nach
Nacht die
Name der

Nase die
neben
nehmen
nein
neu
nicht
nichts
nie
noch
nun
nur

ob
oben
oder
oft
ohne
Ordnung die

paar
Pfennig der
Platz der
plötzlich
Preis der

—

rechts
richtig
ruhig

Ss
Sache die
scheinen
Schiff das
schlecht
schließen
Schluß der
schnell
schon
schön

schreiben	Stelle die	verlieren	wieder
Schule die	stellen	viel	wir
schwer	Straße die	vielleicht	wirklich
Schwester die	Stück das	Volk das	Wissen das
See der	Stunde die	voll	wissen
sehen	(Tt)	vom	wo
sehr	Tag der	von	Woche die
sein	tausend	vor	wohl
seit	Teil der/das	vorher	Wohnung die
Seite die	Tier das	(Ww)	Wort das
selber	Tisch der	Wagen der	(Xx)
September	Tochter die	wahr	—
sich	tot	während	(Yy)
sicher	tragen	wann	—
sie	trinken	warten	(Zz)
sitzen	trotzdem	was	Zahl die
so	tun	Wasser das	zehn
Sohn der	Tür	Weg der	Zeit die
Soldat der	(Uu)	weg	Zeitung die
sollen	über	wegen	ziehen
Sommer der	überall	weil	Zimmer das
sondern	Uhr die	weiß	zu
Sonne die	um	weit	zuerst
sonst	und	welche	Zug der
spät	uns	Welt die	zurück
Spiel das	unten	wenig	zusammen
spielen	(Vv)	wenn	zwar
sprechen	Vater der	wer	zwischen
Staat der	vergessen	werden	
Stadt die		Wetter das	
stark		wie	
stehen			

Als weitere Orientierungshilfe für die Arbeit im 1. und 2. Schuljahr werden die Wörter des *Berliner Grundwortschatzes* angeführt (Kochan 1981, S. 161).

Klasse 1			
Auto	ein	ich	nicht
bin	eine	im	Schule
das	Eis	in	sind
dem	hat	ist	und
der	Haus		wir
die			

Klasse 2

Aa
ab
alle
als
alt
am
an
Arbeit
arbeiten
auch
auf
Augen
aus

Bb
Bahn
bekommen
bezahlen
bist
blau
Bus

Cc
—

Dd
da
den
denken
dich
drei
du

Ee
einem
einen
einer
eines
eins
er
es
essen

Ff
fahren
fahrt
Fahrt
fernsehen
fliegen
Flugzeug
fragen
Frau

Gg
gehen
gelb
Geld
gern
groß
grün
gut

Hh
haben
hast
hatte
Hand
Heft
her
Herr
heute
hin
hören
Hund

Ii
ihm
ihn
ihnen
ißt

Jj
Junge

Kk
kalt
kam
kaufen
kein
keine
keiner
Kind
Kinder
Kino
Klasse
klein
können
kann
Kopf
krank

Ll
lang
lassen
laufen
leicht
lesen

Mm
machen
Mädchen
Mann
mein
meine
mich
Milch
mir
mit
müssen
Mutter

Nn
Name
nein
neu

Oo
oben
ohne

Pp
Preis

Qq
—

Rr
Rad
rot

Ss
sagen
schön
schon
schreiben
schwer
sehen
siehst
sah
sehr
sein
sie
spielen
Stadt
suchen
suchen

Tt
Tasse
Telefon
teuer

Uu
über
Uhr
uns
unten
unter

Vv
Vater
vom

Ww
wachen
war
warm
Wasser
wer
wie
wo
wollen
will

Xx
—

Yy
—

Zz
zu
zum
zwei

Flektierte Verbformen, die rechtschreibliche Schwierigkeiten aufweisen, werden hier gesondert aufgeführt und mitgezählt. Beispiel: sehen — siehst — sah.
Dieses Vorgehen ist bei der Übertragung auf den klassen- bzw. schulbezogenen Grundwortschatz zu empfehlen. Von der Wortgestalt her unterscheidet sich z.b. — siehst — erheblich von — sehen —. Die Schüler müssen sich somit verschiedene Wortbilder einprägen.
Obwohl die Wortgestalten anders sind, ist das zusammenhängende Lernen bestimmter Verbformen günstig für die Speicherung im Gedächtnis, da Verknüpfungen gebildet werden können.
Als Beispiel für die Erstellung eines *schulbezogenen Grundwortschatzes* dient die folgende Wortliste, die sich auf das 1. Schuljahr bezieht.
Der Grundwortschatz wurde von Kollegen der *Erich-Kästner-Schule in Grevenbroich-Elsen* zusammengestellt.

Klasse 1	(59 Wörter)				
am	Ei	haben	laufen	spielen	wir
an	ein	hat	malen	Schiff	wo
aus	einen	Haus	mein	Schule	zu
Auto	Eis	holen	meiner	Tisch	
Ball	er	holt	mit	und	
Baum	es	im	Mutter	Vater	
da	fein	in	nicht	von	
das	gehen	ist	rot	vor	
den	gut	ja		was	
der		kann	sein	wie	
die		kaufen	sie	will	
		kommen	sind	Wind	
			so		

Zur weiteren Orientierung für den Aufbau eines Grundwortschatzes in Klasse 1 und 2 wird empfohlen:
P. Rathenow, Minimalwortschatz Rechtschreiben Klasse 1
    Minimalwortschatz Rechtschreiben 2. Klasse
    (Rathenow 1981, S. 149 - 150)

Zum Zusammenhang von Sprachunterricht und Rechtschreibunterricht

Sprachunterricht hat die Aufgabe, den Schülern Fähigkeiten und Fertigkeiten zu vermitteln, die zur Bewältigung sprachlicher Situationen notwendig sind.

Viele dieser „sprachlichen Situationen" haben mit geschriebener Sprache zu tun. Ihre Bewältigung verlangt ein gewisses Maß an Rechtschreibsicherheit und die Fähigkeit zur selbständigen Lösungshilfe. Wir müssen uns allerdings klar darüber sein, daß solche Anforderungen immer in einen größeren, komplexen Zusammenhang gestellt werden und höchst selten isoliert erhoben werden. Das richtige Schreiben ist kein Wert an sich. Es ist allerdings eine wichtige Voraussetzung für die Möglichkeit schriftlicher Verständigung zwischen Menschen.

Das hat Konsequenzen für die Schule. Rechtschreibunterricht kann nicht von dem übrigen Sprachunterricht isoliert werden. Die Vermittlung von Rechtschreibsicherheit und Rechtschreibselbständigkeit soll grundsätzlich geschehen „. . . im Hinblick auf Schreibfähigkeit und Schreibmotivation . . ." (Menzel 1978, S. 17).

Darum bleibt für den konkreten Unterricht zu fragen:
— Wie kann ich sprachliche Situationen aufgreifen oder schaffen, die für die Schüler meiner Klasse bedeutsam sind?
— Welche Rolle spielen dabei fächerübergreifende Aspekte?
— Wie kann ich die einzelnen Lernfelder des Faches Sprache sinnvoll verknüpfen?
— Wie kann ich die Arbeit mit einem Grundwortschatz einbauen?
— Wie können Kinder einen Grundwortschatz für das eigene Schreiben von Geschichten und anderen Texten verwerten?
— Wie organisiere ich ein tägliches, vertretbares Maß an rechtschreiblicher Übung?

Das Schaubild soll den Zusammenhang der sprachlichen Arbeit noch einmal verdeutlichen:

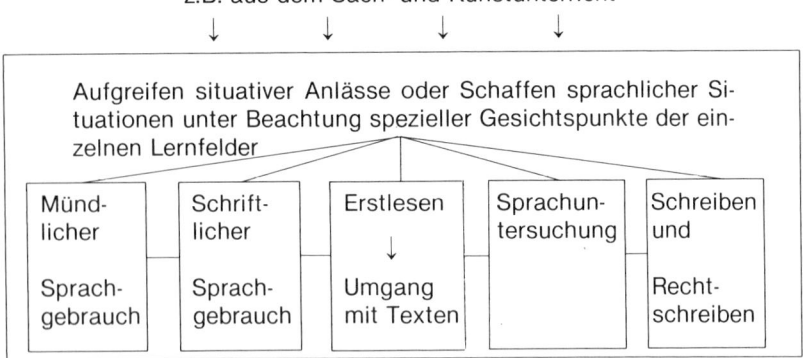

Auf diesem Hintergrund sind die folgenden Ausführungen zu verstehen, in denen einige wichtige Prinzipien der Arbeit mit einem Grundwortschatz anhand von Beispielen erläutert werden.

2. WICHTIGE PRINZIPIEN BEI DER ARBEIT MIT EINEM GRUNDWORTSCHATZ

Einbettung in Situationen

Ich möchte hier das Schaubild von S. (18) an einem Beispiel erläutern
Zeitpunkt: Ende des 1. Schuljahres
Das Thema der Unterrichtseinheit lautet:
Wir besuchen den Zoo
Bei der Vorbereitung werden die Schüler — soweit wie möglich — in die Planung einbezogen.
Nach der Klärung organisatorischer Angelegenheiten fragt die Lehrerin, wie man Erinnerungen an den Zoobesuch festhalten könne. Britta schlägt vor, ein kleines Zoobuch zu machen. Der Vorschlag wird von den anderen Kindern akzeptiert. Wie aber soll das Buch aussehen? . . .
Am nächsten Tag bringen einige Kinder Bücher über Tiere aus dem Zoo mit und stellen sie vor.
Für das eigene Zoobuch einigt man sich schließlich auf folgendes Vorgehen:
Jedes Kind beobachtet sein Lieblingstier im Zoo.
Nach dem Besuch malt jedes Kind sein Lieblingstier auf ein Din A 4 Blatt und schreibt einen oder mehrere Sätze dazu (hierbei wird die Lehrerin individuelle Hilfestellungen geben). Die einzelnen Blätter werden dann zu einem Buch zusammengebunden, das in die Klassenbücherei gestellt wird.
Zur Verdeutlichung des Vorhabens zeichnet die Lehrerin einen einfachen Arbeitsplan an die Tafel.

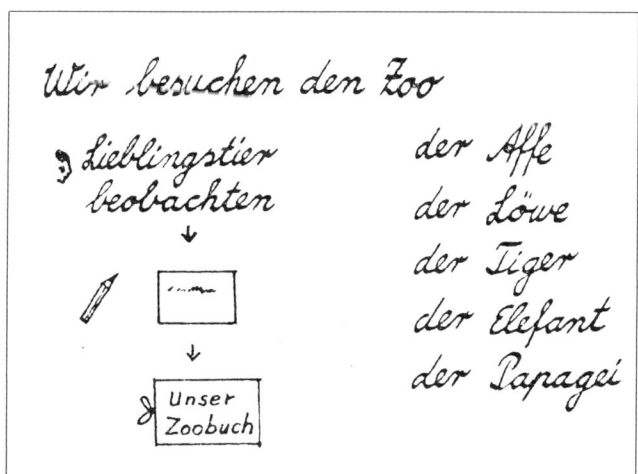

(Diese Lieblingstiere haben die einzelnen Kinder genannt.)

Die *Zielsetzung* der sprachlichen Arbeit kann nach diesen Vorüberlegungen wie folgt umrissen werden:
Die Schüler sollen ein Buch über den Zoobesuch erstellen. Sie malen die von ihnen gewählten Lieblingstiere und schreiben Sätze zu ihren Bildern.
Bei der Konkretisierung dieses Zieles werden weitere Teilaspekte des Faches Sprache beachtet.
Spezielle Gesichtspunkte für das Malen der Bilder werden im Kunstunterricht besprochen (Formen der Tiere, Malen des Hintergrundes etc.).
Im Sachunterricht wird die Lebensweise eines oder mehrerer Tiere untersucht.
Das Schaubild auf der folgenden Seite soll den Zusammenhang der Arbeit verdeutlichen.

Vorhaben: Wir besuchen den Zoo
Fächerübergreifende Aspekte: Kunstunterricht — Malen der Lieblingstiere
Sachunterricht — Untersuchen der Lebensweise eines Tieres
(oder mehrerer Tiere)

Sprachunterricht			Wir erstellen ein Buch über den Zoobesuch		
Mündl. Sprachgebrauch: Erzählen von Beobachtungen der einzelnen Lieblingstiere Schulung des genauen Erzählens	Schriftlicher Sprachgebrauch: Formulieren und Schreiben von Sätzen zu den Bildern (individuelle Hilfen)	Erstlesen Umgang mit Texten Lesen einzelner Sätze, Lesen des Zoobuches, weitere Angebote: Fibeltext über Tiere im Zoo, Kinderbücher über Tiere im Zoo	Sprachuntersuchung evtl.: Verben für Bewegungen eines Tieres		Rechtschreiben richtiges Abschreiben der im Heft vorformulierten eigenen Sätze Sicherung von 5 neuen Wörtern für den Grundwortschatz

Die *rechtschriftliche Arbeit* ist bei diesem Beispiel eingebettet in eine bestimmte sprachliche Situation. Bei der Auswahl der 5 neuen Wörter, die rechtschriftlich gesichert werden sollen, berücksichtigt die Lehrerin folgende Kriterien:
Situationsbezug, Häufigkeit, Aufnahme wichtiger Lernwörter der verwendeten Fibel

In dem konkreten Beispiel werden als Wörter ausgewählt:

Situationsbezug	der Affe	(viele Kinder haben über Affen geschrieben)
	der Zoo	
Häufigkeit	gehen	(Kernwortschatz S. 11 ff.)
Lernwörter der	spielen	
Fibel	wir	

Aus der bisherigen Arbeit im ersten Schuljahr sind die Kinder daran gewöhnt, daß die „neuen Wörter" festgehalten werden. Die Lehrerin schreibt sie auf eine Tapete, die in der Klasse aushängt und die Überschrift hat: Unsere Lernwörter (wachsende Liste der Wörter des Grundwortschatzes).
Im folgenden Unterricht wird das neue Wortmaterial isoliert und im Zusammenhang mit den bereits bekannten Wörtern geübt. Damit wird ein weiteres Prinzip bei der Arbeit mit einem Grundwortschatz angesprochen:

Training der Wörter

Aus der Lernpsychologie wissen wir:
Nur was häufig geübt wird, kann auch behalten werden.
Das gilt umso mehr für solch abstrakte Gebilde, wie Wörter es sind. Der Weg zum festen Besitz von Wörtern im Langzeitgedächtnis ist weit.
Nach A. Kern (1969) verläuft der Abstraktionsprozeß bei der Speicherung von der

Anschauungsstufe über die *Vorstellungsstufe* zur *Schemastufe*
(Wortbild)   (Wortbild-   (Wortbild-
                vorstellung)   schema)

Erst wenn Wörter in die Schemastufe überführt sind, kann man sie automatisch abrufen.
Beim Schreiben von Wörtern ist bei Kindern wie auch Erwachsenen zu beobachten, daß sie im Schreibfluß stocken.
Hierzu ein kleines Beispiel:
Roland will schreiben: Wir gehen in den Zoo.
Bei — gehen — stockt er, probiert auf einem Zettel ...

gehn	schreibt schließlich:
gen	Wir gehn in den Zoo.
	Das Wortbild gehen ist noch nicht in die Schemastufe
	überführt.

Sven, ein anderes Kind der Klasse, schreibt:
Wir *ken* in den Zoo.
Er besitzt noch keinerlei Vorstellung von dem Wortbild. Hier zeigt sich eine weitere Schwierigkeit.
Wir wissen nicht, wie oft das jeweilige Kind ein Wort schreiben muß, um es automatisch abrufen zu können (Roland muß es vielleicht nur dreimal schreiben, Sven hingegen dreißigmal). Wir wissen aber, daß wir Wörter häu-

fig trainieren müssen, damit sie überhaupt gespeichert werden können. Um die Motivation beim Training aufrecht zu erhalten, sind Variationen der Übung notwendig.
Das könnte bei dem Beispiel über den Zoobesuch so aussehen:

Schritte beim Training von Wörtern

Verweilen bei der ganzen Wortgestalt
Nachdem das zu übende Wortmaterial aus bestimmten Situationen gewonnen wurde und der Inhalt der Wörter geklärt ist, erfolgt zunächst eine Beschäftigung mit der ganzen Wortgestalt. Das Verweilen beim ganzen Wort ist wichtig für den Lernprozeß — vor allem im 1. und 2. Schuljahr.

In dem genannten Beispiel sollen die Wörter
    der Affe — die Affen
    der Zoo
    gehen
    spielen
    wir
gesichert werden.
Die Lehrerin bietet diese Wörter in einem Text an, der in Anlehnung an die Sätze der Schüler erstellt wurde.
(Alternative: Einkleben der vorgegebenen Wörter in einen kombinierten Bild-Wort-Text)

Beispiel: Der   ist im Käfig.

Der *Text* lautet:
                Unser Besuch im Zoo
Im Zoo sind viele Tiere. Zuerst gehen wir zu den Elefanten.
Nina ruft: „Haben die einen langen Rüssel!"
Dann gehen wir zu den Affen.
Ein kleiner Affe möchte mit seiner Mutter spielen.
Roland will den kleinen Affen haben.
Doch das geht nicht.

Zoo, Affe, Affen, wir, gehen, spielen

(Bedeutung der Zeichen: Lupe = Wörter suchen
                       Lineal = Wörter unterscheiden
                       Stift = Wörter schreiben)
Die Arbeit am Text und den Wörtern verläuft folgendermaßen:

● Stilles Erlesen des Textes
In der Phase arbeitet die Lehrerin mit Schülern zusammen, die Leseschwierigkeiten haben.
● Die Partner lesen sich den Text vor.
● Suchen, Unterstreichen und Schreiben der Wörter
● Vorlesen des Textes in der Klasse
Anschreiben der Wörter an die Tafel
Vergleichen mit den eigenen Wörtern und evtl. Korrektur

Durchgliederung der Wortgestalt
Nach der Begegnung mit der ganzen Wortgestalt erfolgt die Auseinandersetzung mit einzelnen Teilen. Diese Tätigkeit dient wiederum der besseren Speicherung der Gesamtgestalt.
Das „Sprechen über Wörter" und das Untersuchen einzelner Schwierigkeiten ist Teil der Sprachreflexion. Hierbei wird das Wissen über Rechtschreiben entwickelt.
In den ersten beiden Schuljahren wird dabei der handelnde Umgang mit den Wörtern im Mittelpunkt stehen. Jedoch ist auch in den ersten beiden Klassen der „Zugang über den Kopf" oder die Entwicklung kognitiver Fähigkeiten — in einem vernünftigen Maße — zu verfolgen, damit die Kinder Unterscheidungskriterien gewinnen und auf weitere Wörter übertragen können.
Von den vielfältigen Übungen, die der Durchgliederung von Wortgestalten dienen, können hier nur einige wichtige herausgehoben werden.
Ich möchte sie an dem bisher gewählten Beispiel aufzeigen.

a) Entdecken von Schwierigkeiten

Diese Wörter stehen an der Tafel:

der Zoo		der Z ⓞⓞ
der Affe		der A⒡⒡e
die Affen	nach der	die A⒡⒡en
wir	Bearbeitung	wir
gehen		ge⒣en
spielen		sp ⒤⒠len

Arbeitsschritte:
1. Deutliches Vorlesen der Wörter.
   Das artikulierte Sprechen ist für das Erfassen der Klanggestalt wichtig. Es unterstützt die Zuordnung von Laut und Buchstabe.
2. Suchen von Schwierigkeiten oder „Fallen" in den Wörtern.
   Beschreiben und Einkreisen der Schwierigkeit.
   Beispiel:
   Sven sagt: „Ich muß mir die zwei — o — bei Zoo merken." Dieser Meinung sind viele andere Kinder der Klasse, also Z ⓞⓞ. Britta aber meint: „Ich finde das — Z — am Anfang schwer." Die Lehrerin sagt ihr, daß sie beim späteren Schreiben der Wörter das — Z — einkreisen könne, um sich die Schwierigkeit zu merken.
   Auf diese Weise wird jedes Wort bearbeitet.
   Das eigene Entdecken von Schwierigkeiten ist deshalb wichtig, weil die Kinder einbezogen werden in den Lernprozeß. Damit wird die Eigenverantwortung gegenüber der rechtschreiblichen Arbeit gefördert. Sind die Schüler an diese Arbeitsweise gewöhnt, kann das Entdecken von Schwierigkeiten bei neuen Wörtern mehr und mehr auf das selbständige Tun verlegt werden. Jeder Schüler sucht dann seine individuellen Fehlerquellen.
3. Nach der oben aufgezeigten gemeinsamen Arbeit schreibt jedes Kind die Wörter ab und umkreist schwierige Stellen.
   Angebote zur weiteren Übung:
   — Zudecken der Wörter — auswendiges Schreiben
   — Partnerdiktat
   — Verwenden der Wörter in Sätzen (für Schüler, die sich das zutrauen).

Beim Entdecken von Schwierigkeiten oder „Suchen von Rechtschreibfallen" haben die Schüler Gelegenheit gehabt, Strukturmerkmale der ihnen bekannten Wortgestalten selbständig zu finden. Diese Merkmale werden in dem Wortganzen besonders hervorgehoben.
Für die Durchgliederung von Wortgestalten sind zumeist aber noch weitere Übungen nötig, die sich gezielt mit einzelnen Bestandteilen von Wörtern befassen.

b) Untersuchen einzelner Bestandteile

Von den vielfältigen Übungen möchte ich für das 1. und 2. Schuljahr folgende hervorheben:

Gestaltabbau und Gestaltaufbau

Diese bekannte Übungsform ist deshalb besonders wichtig, weil die Schüler hierbei die optische und akustische Durchgliederung von Wörtern nachvollziehen können (halblautes Mitsprechen).

Beispiele:

wir	gehen	(sp)(ie)len	L(eu)te	(Sch)ule
wi	gehe	spiele	Leut	Schul
w	geh	spiel	Leu	Schu
wi	ge	spie	Leut	Sch
wir	g	sp	Leute	Schu
	ge	spie		Schul
	geh	spiel		Schule
	gehe	spiele		
	gehen	spielen		

Achtung!

Beim Ab- und Aufbau soll den Schülern bewußt werden, wie die Laute durch Buchstaben repräsentiert werden. Die optische und akustische Analyse müssen einander entsprechen.

Schriftzeichen, die aus mehreren Einzelbuchstaben bestehen, und Doppellaute müssen zusammen ab- und aufgebaut werden
(ie, sch, sp, st, ck, au, äu, eu, ei . . .).

Einsetzen fehlender Buchstaben

Bei diesen Übungen zur Durchstrukturierung werden einzelne „Wortruinen" vorgegeben. Einzusetzen sind ein oder mehrere Buchstaben, die den Kindern rechtschreibliche Schwierigkeiten bereiten.

Beispiele:

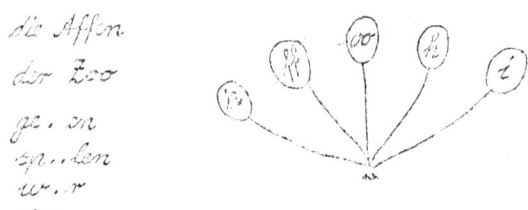

oder:

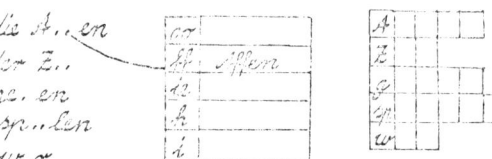

Nur die Anfangsbuchstaben der neuen Lernwörter sind vorgegeben.

Anschließend werden die Wörter in einem Text ergänzt.
Beispiel:
Kontrolleiste wird abgeknickt

Die Kinder ____ in den ____.	gehen Zoo
Sie laufen zu den ____.	Affen
Zwei kleine ____ ____ mit einem Ball.	Affen spielen
Jana ruft: „Dürfen __ die Affen füttern?"	wir

Die Liste der Möglichkeiten ließe sich fortführen. Viele Anregungen sind in Fibeln, Rechtschreibkursen und in der Fachliteratur zu finden (Greil 1981, Adrion 1978).

Zerlegen in Silben

Für diese Übungsform bietet sich die Herstellung von Arbeitsmaterial an, das immer wieder verwendet werden kann. Neue Lernwörter können zunächst isoliert geübt und dann im Zusammenhang mit bereits bekannten Wörtern des Grundwortschatzes wiederholt werden. Im Laufe der Zeit werden die Wörter in den „Silbenkästchen" nach Wortarten sortiert.
Bei der Arbeit mit dem Material sollten die Kinder die Wörter selbständig kontrollieren können.
Beispiel:
(Material: Plakatkarton, Folie zur besseren Haltbarkeit)

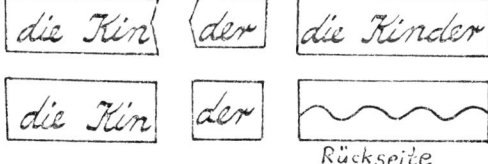

Kontrolle durch Zusammenpassen der Form
Glattes Zerschneiden der Silben
Kontrolle durch Zeichen auf der Rückseite

Arbeit mit Purzelwörtern oder „Wortsalat"

Diese Übung zur Durchgliederung sollte erst dann erfolgen, wenn die Schüler eine gesicherte Vorstellung von dem Wortbild haben.
Beispiele:

Purzelwörter   „Wortsalat"

Um diese Übungen längerfristig bei Wiederholungen anbieten zu können, empfiehlt sich die Herstellung von bleibendem Material. Auf der Vorderseite der verschiedenen Karten stehen die Purzelwörter oder der „Wortsalat". Auf der Rückseite wird für die Kontrolle der Wörter, die die Kinder geschrieben haben, die ganze Wortgestalt angegeben.

Arbeit mit „Geheimschriften"

Das Verschlüsseln von Wörtern in Geheimschriften und das Entschlüsseln von Geheimschriften fordern dazu auf, sich mit der Buchstabenfolge eines Wortes genau auseinanderzusetzen.

1. Beispiel: Strichbilder-Geheimschrift

Die Buchstaben eines Wortes werden nach dem Formelelement der Länge in Strichen wiedergegeben.

Zoo = ///
Affe = ////,
spielen = ,,,,,,,,

Erläuterung:

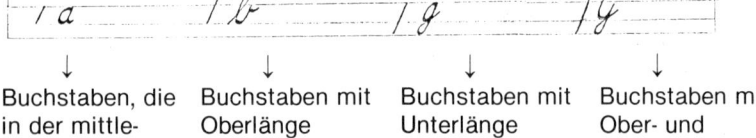

↓ ↓ ↓ ↓
Buchstaben, die in der mittleren Lineatur liegen | Buchstaben mit Oberlänge | Buchstaben mit Unterlänge | Buchstaben mit Ober- und Unterlänge

Bei der Arbeit mit der Geheimschrift „Strichbilder" können Schüler Wörter des Grundwortschatzes selbständig — bei vorgegebener Lineatur 1 oder 2 — verschlüsseln.

Z.B.: wir = ///
gehen = /////

Oder aber sie erhalten die Aufgabe, neue — und bereits bekannte — Wörter des Grundwortschatzes aus Strichbildern zu entschlüsseln. Wörter, die identifiziert wurden, werden abgehakt.

Z.B.:

| Kinder ✓ |
| Vater ✓ |
| Mutter ✓ |
| Auto |
| Ball ✓ |
| Zoo ✓ |
| Affe |
| wir ✓ |
| gehen |
| spielen |

/ı/ıı = Vater   /// = wir
//ıı = Mutter   ı/ı =
ıı// = Ball   ///ı =
/ıı = Zoo   ı/ıı =
ıı/ıı = Kinder   ııı/ıı =

2. Beispiel: Geheimschrift SUM

S = Selbstlaut
U = Umlaut
M = Mitlaut

Diese Geheimschrift kann erst dann angewendet werden, wenn den Schülern Selbstlaute, Mitlaute und Umlaute des Alphabets im 2. Schuljahr bekannt sind. Außerdem muß vereinbart werden, daß solche Schriftzeichen, die aus zwei oder drei Buchstaben bestehen (wie sp, sch . . .), in die Einzelbuchstaben zerlegt werden.
Mit der Geheimschrift SUM können die Schüler — wie bei der Arbeit mit den Strichbildern — Wörter selbständig verschlüsseln oder aber aus den Zeichen Wörter entschlüsseln.

Z.B.:
Fahrrad   = MSMMMSM   MSMMMSM   = (Fahrrad)
fahren   = MSMMSM   MSMMSM   = (fahren)
schön   = MMMUM   MMMUM   = (schön)

3. Beispiel: Geheimschrift Zahlen-ABC

Bei dieser Geheimschrift werden die Buchstaben des Alphabets in Zahlen notiert. Der Umgang mit dieser Geheimschrift kann somit erst dann erfolgen, wenn den Schülern das ABC bekannt ist. Die Zuordnung von Buchstabe und Zahl muß gemeinsam vereinbart werden!

Z.B.:

A a	B b	C c	D d	E e	F f	G g	H h	I i	J j	K k	L l	M m
1	2	3	4	5	6	7	8	9	10	11	12	13

N n	O o	P p	Q q	R r	S s	T t	U u	V v	W w	X x	Y y	Z z
14	15	16	17	18	19	20	21	22	23	24	25	26

Ä ä	Ö ö	Ü ü	ß
27	28	29	30

Zu Wörtern, die geübt werden sollen, schreiben die Schüler die entsprechende Zahlenfolge, oder aber sie entschlüsseln aus vorgegebenen Zahlenfolgen das entsprechende Wort.
Z.B.:
Fahrrad = ⑥①⑧⑱⑱①④
fahren = ⑥①⑧⑱⑤⑭
⑥①⑧⑱⑱①④ = (Fahrrad)
⑥①⑧⑱⑤⑭ = (fahren)

Es empfiehlt sich, die Zahlen einzukreisen. Dadurch erhalten die Schüler eine bessere Übersicht bei zweistelligen Zahlen.
Die Liste der Übungen läßt sich ergänzen ...
Für die konkrete Arbeit in der Klasse wird man abwägen müssen, welche speziellen Übungen jeweils ausgewählt werden.
Wichtig ist dies:

> Wörter intensiv und abwechslungsreich trainieren, damit sie zum festen Besitz der Schüler werden!

In den vorangegangenen Überlegungen ging es vor allem um das *isolierte Training* neu aufgenommener Lernwörter als ein wichtiges Prinzip bei der Arbeit mit einem Grundwortschatz.
Um ein kontinuierliches Lernen zu ermöglichen, sollten die geübten neuen Lernwörter mit bereits bekanntem Wortmaterial verbunden werden.
Als weiteres Prinzip ist somit zu nennen:

Wiederholung von Wörtern

Die Wiederholung bezieht sich auf neu aufgenomme wie auch bereits bekannte Wörter, denn:
„Der Übungserfolg wird durch Wiederholungen gesichert. Diese Wiederholungen sollen nicht Abzüge vom gleichen Klischee sein, sondern den Lernstoff in möglichst verschiedene Situationen transponieren. Kurze, über einen längeren Zeitraum verteilte Wiederholungen sind bei weitem ergiebiger als langes, gehäuftes Üben" (Odenbach 1977, S. 123).
Für den Rechtschreibunterricht bedeutet das:

> Die tägliche, kurze Übung ist besser als eine Rechtschreibstunde pro Woche!

Das darf aber nicht heißen, daß Schülern bedeutungsleere Texte angeboten werden. Vielmehr muß die rechtschriftliche Arbeit aus dem Unterricht erwachsen.

Denn im Sinne des 1. Übungsgesetzes von K. Odenbach muß die Übung die Kinder etwas angehen. Sie muß zu ihrer Sache werden. „Ohne Übungsbereitschaft kein Übungserfolg" (Odenbach 1977, S. 123).
Die Arbeit mit einem Grundwortschatz bietet Chancen, daß die tägliche Übung zur Sache der Schüler wird, weil sie wissen, *was* sie bewältigen müssen. Der Lernstoff ist aus dem gemeinsamen Unterricht erwachsen und wird eingebunden in die weitere Arbeit.
An einem Beispiel über den Zoobesuch möchte ich dieses kurz erläutern.
Nach dem gezielten Training der genannten neuen fünf Wörter werden diese in der laufenden Woche in Verbindung mit bekannten Wörtern geübt.

Einbettung in neue Situationen
Z.B.:

Zoo

Der Vater und das Kind gehen in den Zoo.
Der Vater und der Junge gehen in den Zoo.
Der Vater und die Mutter gehen in den Zoo.

(Kinder erfinden solche Bildsituationen auch gern selber und schreiben Sätze dazu. Nach der Kontrolle durch den Lehrer werden sie Lernpartnern zur Lösung gegeben).
Die Wörter ‚gehen' und ‚Zoo' kommen in Verbindung mit bekannten Wörtern vor. Die Schüler ordnen der Bildsituation den richtigen Satz zu und schreiben ihn ab. Dadurch wiederholen sie bekanntes Wortmaterial.
Bei der Suche nach geeigneten neuen Übungssituationen ist wichtig, daß die Schüler Anlässe zum *Schreiben* haben. Ohne zu schreiben, kann man Rechtschreiben nicht lernen. Deshalb werden vertraute Wörter immer wieder geschrieben.

Arbeit mit Wortkarten
Folgende zehn Wortkarten haben die Schüler für die Arbeit herausgesucht:

| Vater | Mutter | Affe | Kind | Junge |
| spielen | gehen | mit | dem | Ball |

Aufgaben:
— Aufschreiben der Wörter mit großem Anfangsbuchstaben;
— Aufschreiben der Wörter mit kleinem Anfangsbuchstaben;
— gleiche Bestandteile entdecken
 (en) (er) Wörter aufschreiben (gehen . . .);
— alle Wörter mit einem (A) oder (a) aufschreiben.
Diese Aufgaben werden nach individuellem Lerntempo gelöst.
Eine Schwierigkeit für die tägliche Wiederholung ist sicher das Angebot geeigneten Materials. Arbeitsmaterial herzustellen, ist zeitaufwendig. Auf die Dauer gesehen lohnt sich die Arbeit aber, da das Material immer wieder zu verwenden ist. Es kann vielfältig eingesetzt werden und fördert das selbständige Lernen.
In den bisherigen Beispielen wurden die einzuübenden Wörter fast ausschließlich in der Wortgrundform angegeben. Bei der Arbeit mit einem Grundwortschatz spielt noch ein weiteres Prinzip eine Rolle. Es ist die

Wortschatzerweiterung

Die Wortschatzerweiterung bezieht sich vor allem auf
— flektierte Verbformen und die (z.B.: ich spiele, du spielst,
 verschiedenen Zeitformen von ich spielte, ich habe gespielt)
 Verben
— Pluralbildung und Fallsetzung (z.B.: die Väter, den Vätern)
 von Substantiven
— die Steigerung von Adjektiven (z.B.: schön, schöner,
 am schönsten
— zusammengesetzte Wörter (z.B.: vorspielen, weggehen,
 herauslaufen . . .
 Schultür, Schulhaus, Haustür)
— Verkleinerungsformen (z.B.: das Äffchen)
— „verwandte" Wörter (z.B.: gehen — der Gang
 die Lust — lustig . . .)

Es geht also darum, Abwandlungen von Wörtern zu sichern. Das trifft vor allem für Verben, Substantive und Adjektive zu, da die abgewandelten Formen im Sprachgebrauch häufiger vorkommen als die Grundformen. Das bedeutet: Der „Grundwortschatz" wird um eine große Anzahl von Wörtern erweitert. Ein Schüler kann also am Ende einer Klasse normalerweise sehr viel mehr Wörter richtig schreiben als die im Grundwortschatz ausgewiesenen. Auch unter diesem Aspekt entfallen Argumente, die den rechtschriftlich zu sichernden Grundwortschatz als Verarmung der Sprache oder eine Reduzierung der Sprache auf Comic-Niveau einschätzen.
Im Gegenteil!
Die vielfältigen sprachlichen Anregungen, die durch die Wortschatzerweiterung gegeben sind, machen den Schüler sicherer im Umgang mit vertrau-

ten Wörtern und ermöglichen eine Übertragung oder den Transfer auf die Schreibweise anderer Wörter.
Noch ein weiterer Gesichtspunkt ist an dieser Stelle wichtig. Wenn über bestimmte Zahlen des Grundwortschatzes kritisch diskutiert wird, so wird dabei zumeist **nicht** gesagt, **wie viele** flektierte Formen enthalten sind. In dem bayerischen Lehrplan sind alle Wörter in der Grundform angeführt.
Beim Berliner Grundwortschatz hingegen werden einige schwierige Formen aufgeführt und mitgezählt (z.B.: sehen, siehst, sah).
Die Diskussion über Zahlenwerte allein genügt also nicht, da sie interpretiert werden müssen.
Nimmt man allein die flektierten Verbformen einfach zu schreibender Verben, die durch die Wortschatzerweiterung gesichert werden, so können die Schüler am Ende der Grundschulzeit weit mehr Wörter richtig schreiben als 700 bis 1 000.
Diese Fähigkeit erwerben sie an einer ihnen vertrauten Sache und nicht an zufällig ausgesuchten Wörtern.
Spezielle Übungen zur Wortschatzerweiterung möchte ich im Praxisteil angeben.
Als weiteres Prinzip bei der Arbeit mit einem Grundwortschatz soll eine Sache angesprochen werden, die in vielen der vorangegangenen Beispiele enthalten ist, aber noch besonders hervorgehoben werden muß. Das Prinzip heißt . . .

Verschiedene Lösungswege anbieten oder:
Verschiedene Eingangskanäle nutzen

F. Vester stellt in dem Buch „Denken Lernen Vergessen" fest, daß die sogenannten Eingangskanäle der sinnlichen Wahrnehmung von Mensch zu Mensch sehr verschieden sind. Er zieht daraus Folgerungen für das Lernen. Es gibt „. . . vielleicht vier oder fünf große Lerngruppen von Menschen: den visuellen Sehtyp, den auditiven Hörtyp, den haptischen Fühltyp, vielleicht noch den verbalen Typ und den Gesprächstyp, sozusagen die wichtigsten Lerntypen, auf die ein Lehrer in seiner Klasse grundsätzlich eingehen und seinen Unterricht entsprechend einrichten sollte" (Vester 1981, S. 92).
Die Lerntypen treten aber nicht in dieser reinen Form auf. Vielfältige Kombinationen sind möglich. Hinzu kommen Wechselwirkungen mit weiteren emotionalen, motorischen und hormonellen Funktionen, so daß man sagen kann:
Soviele Kinder in der Klasse — soviele verschiedene Lerntypen!
Wenn man als Lehrer darum weiß, kann man auch seine Möglichkeiten einschätzen. Die Kinder selbst müssen letztlich herausfinden, **wie** sie am besten lernen können. Das Lernen wird zu ihrer eigenen Sache. So auch das Erlernen der Rechtschreibung. Die wichtige Aufgabe des Lehrers ist, dem Schüler dabei zu helfen.

Ich weiß z.B. nicht, ob Roland das Wort ‚gehen' mehr vom Sehen, vom Sprechen, vom Hören oder vom Schreiben her erfaßt. Seinen individuellen Lerntyp kenne ich nicht.

Eines aber steht fest:
Wir müssen den Kindern im Rechtschreiben alle nur möglichen Lösungswege anbieten.

Mit anderen Worten:
„Wie . . . können wir auf individuelle Lernmuster eingehen? Indem wir die Kinder alle nur denkbaren Hilfen zu gebrauchen lehren und uns darauf verlassen, daß sie nehmen, was ihrem Lernmuster entspricht" (Sennlaub 1979, S. 31 f.).

Welches sind nun diese Hilfen?
Sie werden in der Literatur z. T. unterschiedlich benannt. Einvernehmen herrscht darüber, daß der Rechtschreibvorgang ein komplexes Gebilde ist und wir deshalb verschiedene Zugangswege beachten müssen.

Diese Wege sind:

1. Der Weg über das Auge → die optische Lösungshilfe
2. Der Weg über das Ohr → die akustische Lösungshilfe
3. Der Weg über das Sprechen → die sprechmotorische Lösungshilfe (Hören und Sprechen sind eng miteinander verbunden)
4. Der Weg über die schreibende Hand → die schreibmotorische Lösungshilfe
5. Der Weg über den „Kopf" oder das Sprachwissen und Sprachdenken → die logische Lösungshilfe (hierzu zählen auch Hilfen durch Analogiebildung, die vom 1. Schuljahr an wichtig sind, wie:

    m ein

    k ein

    s ein

    Im weiteren Sinne von Sprachreflexion oder Nachdenken über Sprache gehört hierzu auch das Sprechen über Schwierigkeiten eines Wortes, z.B.: das ‚h' in gehen, doppeltes ‚oo' in Zoo
6. Der Weg über das Nachschlagen in ABC-Heften oder Wörterbüchern → die mechanische Lösungshilfe

Diese sechs verschiedenen Wege oder Lösungshilfen können wir den Kindern beim Erlernen der Rechtschreibung anbieten, in der Erwartung, daß sie mit der Zeit den für sie besonders geeigneten Weg selbst herausfinden.

Eine Rangfolge der Wege — bis auf den zuletzt genannten — gibt es nicht. Sie stehen zueinander in komplizierten Beziehungen, von denen wir zur Zeit nur wenig wissen.
Das Schaubild soll die Verschränkung der einzelnen Lösungswege noch einmal verdeutlichen. Die Zeichen stellen Hilfen für die Schüler dar, damit ihnen die Zugangswege bewußter werden. Bei Arbeitsanweisungen können diese Zeichen der besseren Anschauung dienen.

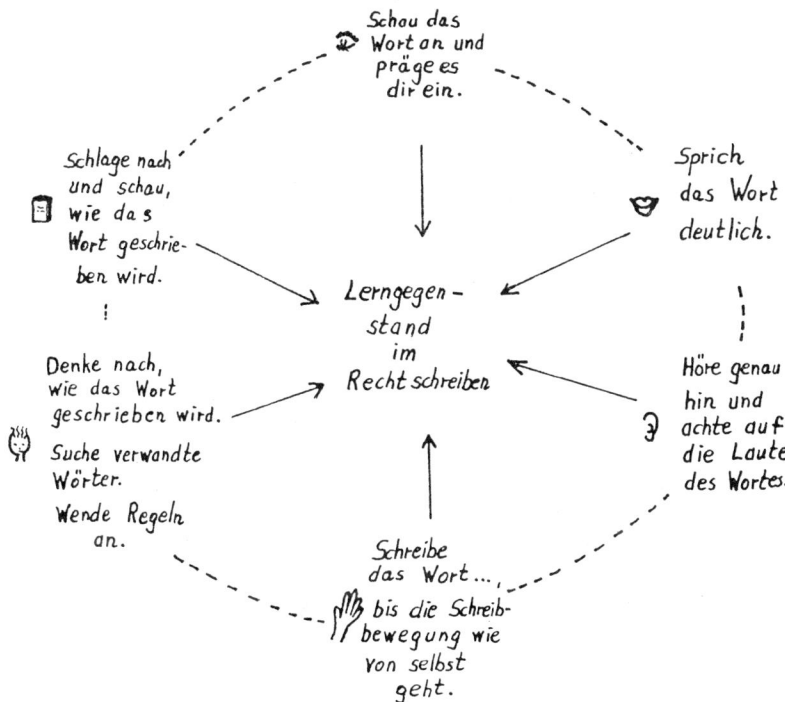

Die enge Verbindung der verschiedenen Eingangskanäle beim Erlernen neuer Wörter möchte ich an dem Wort ‚spielen' verdeutlichen.

Tafel

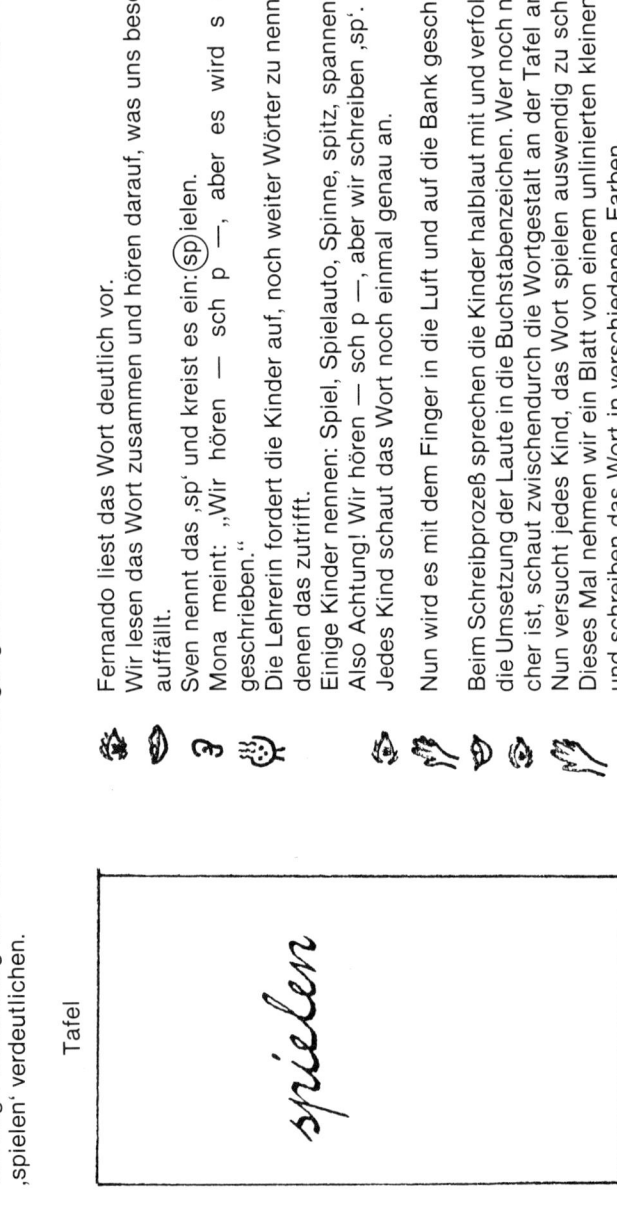

Fernando liest das Wort deutlich vor.
Wir lesen das Wort zusammen und hören darauf, was uns besonders auffällt.
Sven nennt das ‚sp' und kreist es ein: (sp)ielen.
Mona meint: „Wir hören — sch p —, aber es wird s und p geschrieben."
Die Lehrerin fordert die Kinder auf, noch weiter Wörter zu nennen, bei denen das zutrifft.
Einige Kinder nennen: Spiel, Spielauto, Spinne, spitz, spannend . . .
Also Achtung! Wir hören — sch p —, aber wir schreiben ‚sp'.
Jedes Kind schaut das Wort noch einmal genau an.

Nun wird es mit dem Finger in die Luft und auf die Bank geschrieben.

Beim Schreibprozeß sprechen die Kinder halblaut mit und verfolgen so die Umsetzung der Laute in die Buchstabenzeichen. Wer noch nicht sicher ist, schaut zwischendurch die Wortgestalt an der Tafel an.
Nun versucht jedes Kind, das Wort spielen auswendig zu schreiben. Dieses Mal nehmen wir ein Blatt von einem unlinierten kleinen Block und schreiben das Wort in verschiedenen Farben.

Lerngegenstand ist hier das isolierte Wort.

Z.B. so:

oder so:

Nach dem Schreiben kontrolliert jeder selbständig. Danach kann der Partner kontrollieren. Die „Endkontrolle" übernimmt die Lehrerin.

In diesem Beispiel wird versucht, den Schülern möglichst viele Lösungswege bei der ersten intensiven Auseinandersetzung mit einem Wort anzubieten.
Welcher der Wege z.B. für Roland der optimale ist, weiß ich nicht. Auch kann ich nicht sagen, wie oft er das neue Wort wird schreiben müssen, um es als Wortbildschema sicher zu besitzen. Wie gesagt, jeder Mensch lernt auf seine Weise. Damit wird ein weiteres Prinzip bei der Arbeit mit einem Grundwortschatz angesprochen. Es ist die . . .

Innere Differenzierung

Ilse Lichtenstein-Rother nennt für innere Differenzierung drei wesentliche Gesichtspunkte:
„— Förderung bewußten, selbständigen, zielorientierten, kontrollierten und damit auf Selbständigkeit hin orientierten Lernens (Lernen lernen im Kontext der verschiedenen Lernbereiche);
— Aufbau des Lern-, Arbeits- und Leistungsverhaltens (als Bereitschaft und Fähigkeit);
— Entwicklung von Vertrauen in die eigenen Fähigkeiten und Förderung der Eigeninitiative in Richtung auf aktives, selbständiges Lernen und Handeln". (Lichtenstein-Rother 1982, S. 15)
Als Leitgedanken für innere Differenzierung können hiernach genannt werden:
— Förderung selbständigen Lernens,
— Aufbau einer positiven Grundhaltung zur Arbeit,
— Entwicklung von Vertrauen in die eigene Person.
Das bedeutet für den Lehrer, daß er innere Differenzierung nur gemeinsam mit dem Schüler durchführen kann. Das gilt auch für die Arbeit mit einem Grundwortschatz. Bei dessen Aufbau und Sicherung im Unterricht spielen weitere Aspekte der inneren Differenzierung eine Rolle, die in der folgenden Übersicht dargestellt werden.

Viele davon sind vom Lehrer gesteuert. Sie dienen aber dazu, die Leitgedanken — wenn auch oft nur in bescheidenem Maße — in der Praxis zu verwirklichen.

Leitgedanken:

— selbständiges und verantwortliches Lernen lernen

— positive Grundhaltung zur Arbeit aufbauen

— Vertrauen in die eigene Person und Leistungsfähigkeit entwickeln

Aspekte der inneren Differenzierung bezogen auf den

Lerngegenstand:
Aufbau und Sicherung eines Grundwortschatzes

Ermittlung der Lernvoraussetzungen und Beobachtung von Lernfortschritten

Differenzierung der Zielsetzung und Inhalte
- Umfang der zu sichernden Wörter
- Anwendung der Wörter in anderen Zusammenhängen

Differnzierung in den Methoden und Medien
- Beachtung verschiedener Zugangswege
- Angebote unterschiedlichen Materials
- Beachtung zusätzlicher Hilfen durch den Lehrer oder einen Lernpartner
- Angebot und Wahl zusätzlicher Aufgaben
- Einsatz verschiedener Formen der Lernkontrolle

Differenzierung in den Organisationsformen
- Wahl verschiedener Arbeitsformen
- Gestaltungsformen einer Zehnminutenübung
- Verteilung von Rechtschreibaufgaben in einem Wochenplan

Zusammenfassung

Wir haben eine Reihe von Gesichtspunkten genannt, die bei der Arbeit mit einem Grundwortschatz zu beachten sind. Das folgende Schaubild faßt sie noch einmal zusammen (S. 43).
In der Unterrichtspraxis sind diese einzelnen Aspekte mehr oder weniger miteinander verschränkt. So kann z.B. innere Differenzierung nicht verwirklicht werden ohne das Angebot verschiedener Lösungswege. Die Auswahl von Wörtern hängt zusammen mit der jeweiligen Situation. Beim Training von Wörtern werden wiederum verschiedene Möglichkeiten der Differenzierung zu beachten sein.
Solche und weitere Probleme sollen im folgenden Teil behandelt werden. Es geht um Anregungen und konkrete Hilfen beim Aufbau und bei der Sicherung eines Grundwortschatzes im 1. und 2. Schuljahr.

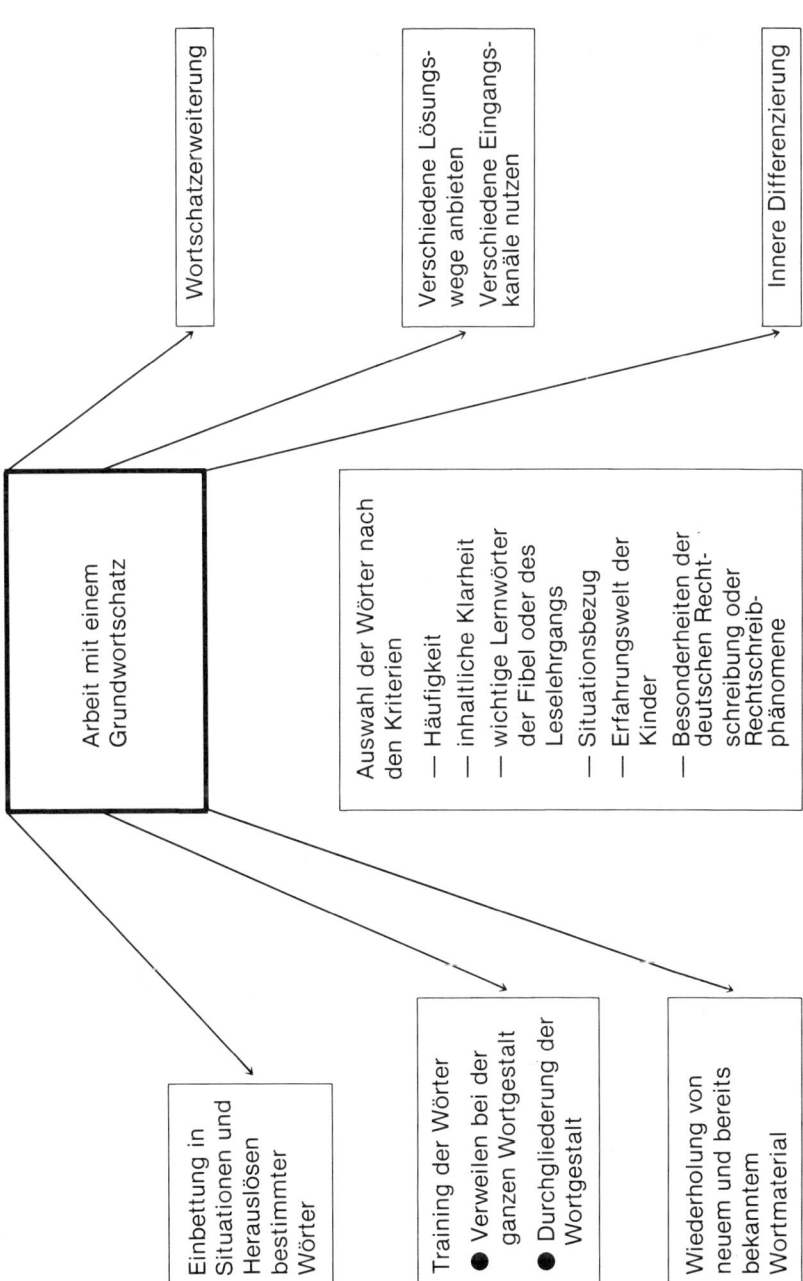

3. AUFBAU EINES GRUNDWORTSCHATZES IM 1. SCHULJAHR

Zum Zusammenhang von Erstlesen, Schreiben und Rechtschreiben

Die Entwicklung der Rechtschreibfähigkeit im 1. Schuljahr basiert auf dem Erlernen des Lesens und Schreibens. Als entscheidend für den Erfolg beim Erlernen der Schriftsprache nennt Menzel „. . . die Fähigkeit der Schüler, Wörter lautlich und schriftlich durchgliedern (analysieren) und Buchstaben/Laute bewußt zusammensetzen (synthetisieren) zu können" (Menzel 1980, S. 1).
Diese beiden Vorgänge — die Analyse und Synthese — sind eng aufeinander zu beziehen, damit das Kind Lesen und (Recht-) Schreiben erlernt. Sie sind der „Kern" aller Leselehrverfahren, ob man vom Buchstaben, Wort oder Satz ausgeht.
Nicht egal ist dabei, welche Schrift man wählt. Wegen der besseren Strukturierung befürwortet Menzel für das Lesen- wie auch das Schreibenlernen Druckschriftlehrgänge (Menzel 1976). Für das Erlernen des Lesens an der Druckschrift spricht u.a. der Bekanntheitsgrad für den Schüler. Die Druckschrift begegnet ihm überall in seiner Umwelt.
Die Frage, ob das Kind zunächst auch Druckschrift schreiben soll, kann hier nicht ausdiskutiert werden. Dafür spricht u.a., daß sehr viele Kinder Druckbuchstaben schreiben können, wenn sie in die Schule kommen und stolz darauf sind.
Zur Diskussion um die Einführung der Vereinfachten Ausgangsschrift, die — grob gesagt — zwischen der Druckschrift und der Lateinischen Ausgangsschrift liegt, möchte ich verweisen auf das Heft 2/1981 der Zeitschrift Grundschule und das Sonderheft 1981 Praxis Grundschule.
Fest steht, daß eine gegliederte Handschrift eng mit dem Erfolg im Rechtschreiben zusammenhängt. Deshalb muß man sich als Lehrer gegenüber der Schrift der Kinder und gegenüber seiner eigenen Schrift „pingelig" verhalten. Denn: „Meine Schrift ist mein Werkzeug — fürs Leben" (Grundschule 2/81, S. 53).

Zusammenfassend kann gesagt werden:
Erstlesen, Schreiben und Rechtschreiben sind eng miteinander verbunden. Die Wortdurchgliederung (Analyse) und das bewußte Zusammensetzen (Synthese) von Buchstaben/Lauten sind für das Lesenlernen und das Recht-Schreib-Lernen von entscheidender Bedeutung. Eine enge Verknüpfung von Lesen und Schreiben scheint besonders günstig für den Lernprozeß zu sein.
(Spezielle Praxishilfen für das Lesenlernen sind zu finden in:

Handreichungen für die Grundschule 1
Lesenlernen Teil 1, Landesinstitut für Curriculumentwicklung,
Lehrerfortbildung und Weiterbildung,
Neuss 1981

Wann kann mit dem systematischen Aufbau eines Grundwortschatzes begonnen werden?

Diese Frage hängt entscheidend zusammen mit den örtlichen Gegebenheiten und den speziellen Voraussetzungen der Kinder in dem jeweiligen 1. Schuljahr. Die Frage hängt ebenfalls zusammen mit dem eingeführten Erstlesewerk.
Den „richtigen" Zeitpunkt für die systematische Arbeit mit einem Grundwortschatz gibt es nicht. Die Entscheidung liegt beim einzelnen Lehrer im Hinblick auf die Kinder seiner Klasse. Er sollte aber so früh wie möglich damit beginnen.
Übrigens:
Der Leselernprozeß muß *nicht* abgeschlossen sein, wenn man mit dem gezielten Training von Wörtern anfängt. Unter den gegebenen Bedingungen meiner Klasse entschied ich mich dafür, nach der ersten Hälfte des Schuljahres mit dem systematischen Aufbau eines Grundwortschatzes zu beginnen.

Zur Auswahl der Wörter

Ich versuchte, die genannten Kriterien (S. 12) bei der Auswahl der Wörter zu berücksichtigen. Hinsichtlich der Häufigkeit vorkommender Wörter orientierte ich mich an H.-H. Plickat, Deutscher Grundwortschatz. Wichtig war mir auch, daß die Schüler die Wörter in vielen sinnvollen Sätzen anwenden konnten.
Als Problem stellte sich dabei die Frage nach dem Verhältnis von Substantiven, Verben, Adjektiven und den sogenannten Strukturwortern (wie: am, an, im, in etc.). Wenn man z.B. nur wenige Substantive und Verben aufnimmt (Berliner Grundwortschatz, S. 17), so ist es schwer, sinnvolle Satzvariationen zu bilden.
Am Ende des 1. Schuljahres umfaßte unser Grundwortschatz 55 Lernwörter. Wir schrieben sie auf eine Tapete (ein Wandtafelblock eignet sich auch gut), die in Spalten unterteilt war und in der Klasse aushing.
Die Anordnung in Spalten wurde vorgenommen, damit die Kinder möglichst viele Sätze selbständig bilden und aufschreiben konnten.
Die Bezeichnungen für Personen sowie die Personalpronomen stehen an erster Stelle, um einfache Aussagesätze finden zu können. Aus diesem Grunde wurden weitere Substantive in die letzte Spalte geschrieben.

Unsere Lernwörter

①	②	③	④	⑤	⑥
Mutter	haben	der	und	rot	Puppe
Vater	habe	die	da	klein	Ball
Oma	hat	das	mit	groß	Roller
Opa	ist	dem	aus	lieb	Auto
Kind	sind	den	auf		Schule
Kinder	holen	ein	in		Haus
Junge	holt	eine	wo		Tisch
ich	malen	einen			Nase
er	kaufen	kein			Eis
sie	fahren				Affe
wir	fährt				Zoo
Mimo	gehen			(Mimo, die Klassenfigur)	
	spielen				

Beispiel: Mutter hat ein Auto.
        Das Kind hat einen Ball.
An das „Springen" in den Spalten 3, 4, 5 und auch 6 gewöhnten sich die Schüler und schrieben kleine Geschichten wie:
        Die Kinder kaufen ein Auto.
        Das Auto ist rot.
        Wo ist Mimo?
        Mimo ist auf dem Auto.
Zu dem Wortmaterial selbst möchte ich noch folgendes ergänzen: Bei den Verben kaufen, malen, gehen, spielen wurden flektierte Formen nicht in die Lernwörter-Liste aufgenommen, da die Schüler im Laufe der Arbeit lernten, weitere Verbformen in Analogie zu *ich habe er holt* zu bilden.
Eine große Anzahl der Wörter gehört zu den sehr häufig gebrauchten. In vielen Fällen sind sie mit dem Erstlesewerk, das benutzt wurde, deckungsgleich.
Bis auf die Wörter Affe, Eis, Oma, Opa, Puppe, Roller, Zoo, malen, rot sind alle weiteren in dem engeren Grundwortschatz enthalten, den Plickat ermittelte.
Diese Wörter wurden aufgenommen, weil sie entweder für den Leselehrgang wichtig waren oder zu Situationen gehörten, die für uns Bedeutung hatten.
Auch wurde darauf geachtet, daß zu möglichst vielen Buchstaben des Alphabets Lernwörter vertreten waren.
Die Liste der Wörter wird hier noch einmal in alphabetischer Reihenfolge wiedergegeben. *Unterstrichen* sind die Wörter, die im Kernwortschatz von Plickat enthalten sind.
(Flektierte Formen sind dort nicht gesondert genannt, ( ) bedeutet: Grundform)

Ⓐ (Au)	Ⓔ (Ei)	Ⓗ	Ⓚ	Ⓞ	Ⓣ
Affe	ein	habe	kaufen	Oma	Tisch
auf	eine	*haben*	*kein*	Opa	Ⓤ
aus	einen	*Haus*	*Kind*	Ⓟ	*und*
Auto	Eis	hat	Kinder	Puppe	Ⓥ
Ⓑ	er	holen	*klein*	Ⓠu	
Ball		holt	Ⓛ		*Vater*
Ⓒ	Ⓕ	Ⓘ	lieb	Ⓡ	Ⓦ
—	fahren	*ich*	Ⓜ	Roller	*wir*
Ⓓ	fährt	*in*		rot	*wo*
da		ist	malen	Ⓢ(Sch, Sp)	Ⓧ
das		(sein)	*mit*	Schule	—
dem	Ⓖ		*Mutter*	sie	Ⓨ
den	gehen	Ⓙ	Ⓝ	sind	
der	*groß*	*Junge*	Nase	(sein)	—
die				spielen	Ⓩ
					Zoo

Unter den Voraussetzungen in meiner Klasse waren die meisten Kinder am Ende des 1. Schuljahres in der Lage, diese „Lernwörter", wie wir sie nannten, auswendig zu schreiben. Einige Kinder konnten mehr Wörter selbständig richtig schreiben.
Es waren aber auch zwei Schüler in der Klasse, die nur 20 - 30 Wörter so gespeichert hatten, daß sie diese „automatisch" wiedergeben konnten. Gemessen an ihren individuellen Lernvoraussetzungen war das eine durchaus beachtliche Leistung.

Handwerkszeug, das jeder Schüler für die Arbeit braucht

Ein Vorteil für die Arbeit mit einem Grundwortschatz liegt u.a. darin, daß die Sache Rechtschreiben überschaubar wird für Schüler, Eltern und Lehrer. Vor allem das Kind muß sehen können, wie der Besitz an Wörtern, die es richtig schreiben kann, kontinuierlich wächst. Und dazu braucht es *handgreifliches* Material.
Bevor ich mit dem systematischen Aufbau des Grundwortschatzes in meiner Klasse begann, besprach ich deshalb das Anliegen mit den Eltern. Als Ziel der rechtschreiblichen Arbeit wurde herausgestellt:
Die Kinder sollen eine überschaubare Anzahl von Wörtern auswendig schreiben können und in Sätzen oder kleinen Geschichten verwenden.
Es geht um den Erwerb von Rechtschreibsicherheit in kleinen Schritten.

Dabei werden etliche Kinder schneller voranschreiten und mehr Wörter richtig schreiben. Andere Kinder aber brauchen zusätzliche Hilfen.
Bezüglich des Handwerkzeugs einigten wir uns auf:
1. ein Schreibheft, Lineatur 1, das für Übungen mit dem Grundwortschatz bestimmt ist.

(Platz für 22 Wörter auf einer Seite)

Die vier Seiten in der Mitte werden mit einem roten Stift in der Hälfte unterteilt. Auf diese Seiten schreiben die Kinder die Lernwörter der Reihe nach auf, wie sie im Unterricht behandelt werden.
Wenn das Heft voll ist, können die mittleren Seiten herausgetrennt und in das neue Übungsheft geklebt werden.
Die Kinder und Eltern haben dadurch eine Übersicht, um welche Wörter es geht.
Ein ABC-Heft anzulegen, schien uns für den Anfang zu kompliziert. Die Anordnung nach alphabetischer Reihenfolge sollte später erfolgen (Beginn des 2. Schuljahres).
2. Wortkarten für jedes Kind
und eine Wortkiste zum Aufbewahren
Zu den Wortkarten:
Ich schreibe die Lernwörter auf Matrize und gebe den Kindern Abzüge. Die Kinder kleben die Wörter auf vorbereitete Streifen aus Plakatkarton:
  roter Plakatkarton für Nomen
  grüner Plakatkarton für Verben
  blauer Plakatkarton für Adjektive
  gelber Plakatkarton für alle anderen Wörter
Beim Einteilen in Streifen und beim Zerschneiden halfen die Eltern.
Beispiel: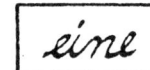

Alternative:
Verwendung von Workarten des benutzten Erstlesewerks, Ergänzung von Karten mit Lernwörtern, die nicht enthalten sind.
Man kann auch ohne diese Wortkarten arbeiten.
Sie sind allerdings günstig für verschieden Aufgabenstellungen bei der Wiederholung. Auch können die Schüler damit selbständig Aufgaben finden.

3. Bleistift, Buntstifte, Lineal und Radiergummi

In das Übungsheft schrieben die Kinder bis zum Ende des 1. Schuljahres nur mit Bleistift.

Falsch geschriebene Wörter konnten sie somit ausradieren und das richtige Wort hinschreiben.

Einen roten Buntstift benutzten wir, um „schwierige Stellen" von Wörtern zu markieren oder gleiche Wortteile einzukreisen.

Beispiel:

Weitere Buntstifte brauchten die Kinder, weil sie gern Bilder unter ihre Übungen malten.

Mit diesem Handwerkszeug, das jeder Schüler hat, und der wachsenden Liste der Lernwörter, die in der Klasse aushängt, kann man mit der Arbeit am Grundwortschatz beginnen.

Die Kinder und ich sammelten im Laufe der Zeit Vorschläge für Aufgaben, die vor allem bei der täglichen Übung und Wiederholung hilfreich waren. Die Vorschläge schrieb ich auf ein Plakat, das aufgehängt wurde.

Vorschläge für die Arbeit mit den Wortkarten und der Wortliste

Da viele Kinder Arbeitsanweisungen am Anfang noch nicht selbständig erlesen konnten, vereinbarten wir Zeichen.

Sie beziehen sich auf den *Umgang* mit Wörtern und sind somit übertragbar auf verschiedenes Wortmaterial. Wir sprachen jeweils über die Bedeutung der Zeichen und erprobten, ob wir damit „zurechtkamen".

Übungen:

Zeichen	*Bedeutung*	*Beispiel*
⌐⌐	Baue das Wort ab und auf	Oma Om O Om Oma
▭ 🖑	Nimm eine Wortkarte, schau das Wort genau an und präge es dir ein. Drehe die Karte um und schreibe das Wort auswendig.	Puppe

Baue Sätze mit Wortkarten und schreibe sie auf.	*Oma hat eine Puppe.*
Suche Wörter mit einem bestimmten Buchstaben und schreibe sie auf.	*Oma, Opa, hat*

(Buchstaben, die gesucht werden sollen, werden jeweils benannt. Oder: Die Kinder suchen selbständig Wörter mit einem von ihnen gewählten Buchstaben)

Diktiere deinem Partner Wörter aus der Wortliste.	*ein, eine ...*
Lege mit deinem Partner eine kleine Geschichte und schreibe sie auf.	*Ich habe einen Ball. Der Ball ist rot. Wir spielen mit dem Ball.*
Lege allein eine kleine Geschichte und schreibe sie auf.	*Wo ist Mimo? Er fährt mit dem Roller und holt ein Eis.*
Schreibe Wörter aus der Wortliste in Geheimschrift. Dein Partner soll sie lösen.	|·|| = *Ball*
Legt alle roten (blauen, gelben) Karten auf den Tisch und spielt Memory.	Vater Vater

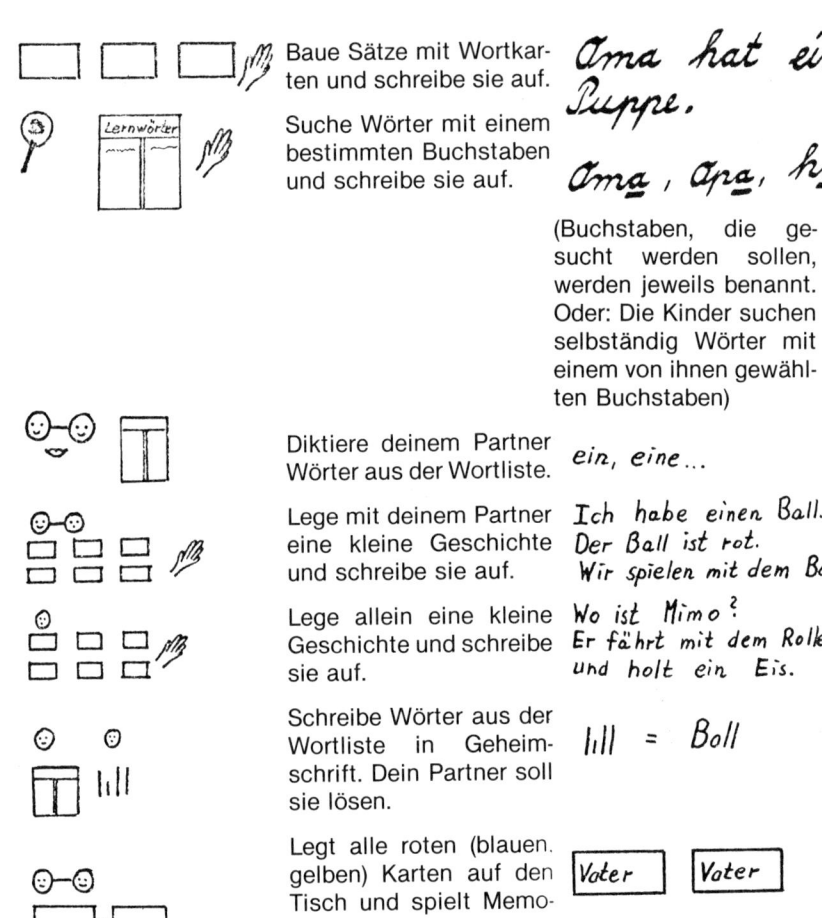

Die Liste der Aufgaben wuchs erst im Laufe der Arbeit. Die Schüler akzeptierten sie, da viele Vorschläge auf ihren eigenen Ideen beruhten. Für die tägliche Übung und Wiederholung vereinbarten wir zunächst gemeinsam Aufgaben, wie z.B. das Auf- und Abbauen von Wörtern oder das Abschreiben von Wörtern, die auf Wortkarten standen.
Danach konnten die Kinder selbständig weitere Übungen in Einzel- oder Partnerarbeit wählen. Während dieser Zeit konnte ich mit Schülern zusammenarbeiten, die spezielle Hilfen benötigten.
Die Materialfrage ist ein grundlegendes Problem, wenn man innere Differenzierung im Sinne von selbstverantwortlichem und zielgerichtetem Lernen verwirklichen möchte. In Zusammenarbeit mit einigen Kollegen und der Hilfe von Eltern versuchten wir, allmählich einen Grundstock für die Arbeit aufzubauen. Käufliches Material und selbstgefertigte Arbeitsmittel werden auf den folgenden Seiten vorgestellt.

Käufliche Materialien für die Arbeit mit dem GWS (Grundwortschatz)

Material	Was kann damit gemacht und geübt werden?	Wie kann es eingesetzt werden im gemeinsamen und differenzierenden Unterricht?
1. Schüler-Lesekasten zum CVK-Leselehrgang Sprechen — Schreiben — Lesen, Verlag: Cornelsen-Vehlhaben & Klasing	— Legen von Wörtern des GWS Das Aneinanderlegen der Buchstabenkarten ermöglicht synthetisierendes Lesen und genaue Verfolgung des Wortaufbaus. — Legen von Sätzen mit Wörtern des GWS — Wortschatzerweiterung wie: Reimwörter zu Wörtern des GWS, neue Verbformen Beispiel: kein kaufen kaufen mein laufen ich kaufe sein raufen Vater Bein Haufen kauft usw.	— Bei der Einführung neuer Lernwörter für alle Kinder — Übung bestimmter Lernwörter mit einem Lernpartner — Übung bestimmter Wörter für Schüler mit Lernschwierigkeiten — Angebot für das Bilden von Sätzen, Geschichten, die in der Lesekiste der Klasse gesammelt werden — Angebot zum Erfinden neuer Wörter, die gesammelt werden

2. Druckkasten Wir drucken, Finken-Verlag	— Drucken von Wörtern des GWS mit einem bestimmten Buchstaben z.B.: Mutter, mit, malen, dem, Oma .... — Drucken von Sätzen/Geschichten — Drucken von inhaltlich zusammengehörenden Wörtern wie Vater, Mutter, Kind, Kinder ... (Personen) Roller, Auto, Puppe (Spielzeug) etc.	— Als Angebot, das die Schüler frei wählen für Phasen der Übung. Zu kleinen Texten können Bilder gemalt werden. Die bebilderten Geschichten werden ausgeschnitten, auf Pappe geklebt und kommen in die Lesekiste. So entsteht neues Material aus der Arbeit der Schüler. — Als gezielte Hilfe zum Einprägen von bestimmten Wörtern für Schüler mit Leseschwierigkeiten.
3. Setzleisten Etwa 50 cm langes Vierkantholz mit zwei Rillen, zu beziehen bei: J. Schmitz, GGS Veen, Kirchstr. 16, 4234 Alpen	Arbeitsmaterial wie Wortkarten und Bildwortkarten zum GWS müssen selbst hergestellt werden. Wenn man im Erstleseunterricht mit Setzleisten arbeitet, kann passendes Wortmaterial weiter verwendet werden. — Übungen zu Wörtern des GWS — Wortschatzerweiterung — Übungen zu inhaltlich zusammengehörenden Wörtern	— Als Angebot zum Training neuer Lernwörter oder zur Wiederholung bekannter Wörter in Einzelarbeit — beim Partnerdiktat — als Angebot für die Bildung verwandter Wörter, z.B.: Plural Vater Väter

Bezeichnung des Arbeitsmittels. Woraus wird es hergestellt?	Was kann damit gemacht und geübt werden?	Wie kann es eingesetzt werden im gemeinsamen und differenzierenden Unterricht?
4. Schiefertafeln und Griffel (oder Tafeln, die die Kinder besitzen)	— „Einschleifen" von Wörtern des GWS, verbunden mit gezielten und auch spielerischen Formen des Schreibens — Zur Übung ausgewählter Wörter vor dem Schreiben eines Wort- oder Textdiktates	— Bei der Einführung neuer Lernwörter für alle Kinder, um sich Wortgestalten besser einprägen zu können („einritzen" mit dem Griffel auf festem Material), Variationen in der Schriftgröße probieren, z.B.: *Vater Vater* Gestaltabbau und Gestaltaufbau vor dem Schreiben der Wörter ins Übungsheft — Als unterstützendes Lernmittel für Schüler mit Schreib- bzw. Rechtschreibschwierigkeiten
5. Gebrauchte Schreibmaschinen, die Eltern o.a. zur Verfügung stellen	— Übung ausgewählter Wörter des GWS — Erstellen kleiner Texte	— Gezielter Einsatz für Schüler, die Lernschwierigkeiten bei der Durchgliederung haben — Als Angebot für das Schreiben kleiner Texte für die Lesekiste

Angebot selbstgefertigter Arbeitsmittel

Bezeichnung des Arbeitsmittels. Woraus wird es hergestellt?	Was kann damit gemacht und geübt werden?	Wie kann es eingesetzt werden im gemeinsamen und differenzierenden Unterricht?
1. Kleine Wortkarten für die Hand des Schülers (Punkt 4, Handwerkszeug . . .) Beispiel:  Plakatkarton, Abzüge für jedes Kind mit den Wörtern, Schere, Klebstift, Wortkiste zum Aufbewahren *Alternative:* Die Schüler schreiben die jeweils 3 bis 5 neuen Lernwörter selbst auf vorbereitete Streifen.	— Training von einzelnen Lernwörtern des GWS — Anwenden der Wörter in Sätzen und kleinen Texten — Heraussuchen von Wörtern mit bestimmten Merkmalen: Wörter, die mit einem großen Anfangsbuchstaben beginnen . . .", Finden eines Begriffs für diese Wörter Wörter, die einen doppelten Buchstaben haben Mutter, Puppe . . .", Wörter mit den Endungen en und er Wörter mit gleichen Wortteilen und Reimwörter , K(in)d, sind, Wind Wörter mit ‚e' verschiedene Klangqualitäten heraushören Beispiel, den, habe	— Bei der Einführung neuer Lernwörter für alle Schüler — Beim isolierten Training bestimmter Wörter, die einzelne Kinder noch nicht richtig schreiben können — Heraussuchen dieser Wörter durch die Schüler selbst zur Förderung des eigenverantwortlichen Lernens, gezielte Hilfen durch den Lehrer aufgrund der Beobachtung von Schwierigkeiten — Bei der Bearbeitung von vorher vereinbarten Aufgaben und als Material zum Lösen frei gewählter Aufgaben in Einzel- oder Partnerarbeit — Bei der Überprüfung von Wörtern im „Gruppendiktat" (ein Kind diktiert ausgewählte Wörter) — Als Spielmaterial für Memory

Bezeichnung des Arbeitsmittels. Woraus wird es hergestellt?	Was kann damit gemacht und geübt werden?	Wie kann es eingesetzt werden im gemeinsamen und differenzierenden Unterricht?
2. Große Wortkarten zur Demonstration Beispiel:  (evtl. Magnetplättchen auf der Rückseite) Verwendung evtl. vorhandener Wortkarten zum Erstlesewerk. Ergänzung fehlender Karten. Plakatkarton, Filz- oder Folienstife zum Beschriften, evtl. Klebefolie zum Überziehen der Wortkarten	— Hervorheben bestimmter Lernwörter für die Wiederholung — Verdeutlichung bestimmter rechtschreiblicher Phänomene, die Schüler entdecken sollen — Erfinden sinnvoller und lustiger Sätze, indem die Schüler bestimmte Wörter aussuchen und sich der Reihe nach aufstellen, z.B.: Opa fährt mit dem Roller. oder: Opa fährt und mit dem Roller. Welches Wort paßt hier nicht? oder: Ein Satz wird immer länger . . . Opa fährt mit Oma auf dem Roller und holt ein Eis . . . . — Herausfinden bestimmter Wörter durch Nennen von Buchstaben (Worträtsel) Beispiel: Oma, mit, dem, Mein Wort hat ein m in der Mitte. — Unterstützendes Anschauungsmittel beim Schreiben von Wortdiktaten oder kleinen Sätzen.	Große Demonstrationskarten eignen sich vor allem für Phasen, in denen ein Problem gemeinsam herausgearbeitet werden soll für die Übung und Wiederholung. Außerdem können diese Karten bei der Arbeit in Kleingruppen verwendet werden. — zur Vertiefung eines vorher behandelten Problems — zur Vorbereitung auf das Auswendigschreiben bestimmter Wörter im Klassenverband — als Angebot, um Wortkarten für Worträtsel zusammenzustellen, die von allen Kindern der Klasse gelöst werden Z.B.: Hochhalten der Karte, Vorlesen des Wortes, Augen schließen, ,,Schreiben" auf die Bank, auswendig schreiben ins Übungsheft.

3. Bildwortkarten für die Setzleiste

— Substantive des GWS
Die Kinder stecken ausgewählte Wörter in die vordere Rille, schreiben das Wort ins Übungsheft und vergleichen sofort, indem sie die Bildwortkarte herausziehen. Ist das Wort richtig geschrieben, wird die Bildwortkarte in die hintere Rille gesteckt.

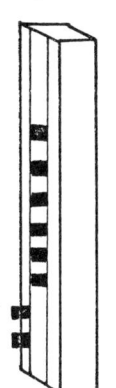

Beim Einstecken in die Rillen der Setzleiste wird das geschriebene Wort unsichtbar.
Bilder aus Katalogen, Büchern etc. selbstgemalte Bilder, Aufkleben oder Malen der Bilder auf Plakatkarton, Filz- oder Folienstifte oder Tusche zum Beschriften, evtl. Klebefolie zum Überziehen der Bildwortkarten,
Kisten zum Aufbewahren
Wer keine Setzleisten hat, kann die Bilder auf der Rückseite der Karten beschriften.

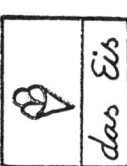
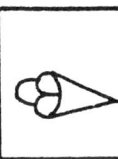

Vorderseite   Rückseite

Dieses Material eignet sich vor allem für differenzierte Aufgabenstellungen.
— Bei der Wiederholung von Substantiven, die einzelne Kinder noch nicht sicher schreiben können
— Als Arbeitsmittel beim Schreiben von Wortdiktaten mit dem Lernpartner
— Als Angebot für das Schreiben von Sätzen oder kleinen Geschichten, in denen bestimmte Substantive vorkommen
— Als Spielangebot für Memory, wenn genügend Karten zu verschiedenen Inhaltsbereichen vorhanden sind
— Übung inhaltlich zusammengehörender Wörter (Personen, Spielzeug . . .)
Als zusätzliches Angebot können weitere Bildwortkarten hergestellt werden.
Beispiel zum Bereich Spielzeug: der Fußball, die Schaukel, die Eisenbahn, der Würfel . . . .
— Als „Reizwörter" zum Erfinden von Sätzen
Beispiel: Ich habe einen Ball.
Der Ball ist rot.

Bezeichnung des Arbeitsmittels. Woraus wird es hergestellt?	Was kann damit gemacht und geübt werden?	Wie kann es eingesetzt werden im gemeinsamen und differenzierenden Unterricht?
4. Wortpuzzle (oder Silbenrätsel) Beispiel: *haufen* Vorderseite / *spielen* Rückseite Plakatkarton, Folienstifte oder Tusche zum Beschriften, evtl. Klebefolie zum Überziehen Die Wörter werden in Teile zerschnitten, Selbstkontrolle wird durch entsprechende Zeichen oder auch Bilder auf der Rückseite der Wortstreifen ermöglicht. Kisten zum Aufbewahren	— Zusammensetzen von Wörtern nach Silben durch handelnden Umgang mit Wortteilen (Der Begriff „Silbe" muß den Schülern im 1. Schuljahr noch nicht bekannt sein.)	— Zur Unterstützung der Strukturierung von Wörtern für einzelne Schüler — Als Arbeitsmittel für die Übung bestimmter Wörter mit dem Partner. Die Wörter werden gemeinsam gelegt, kontrolliert und dann evtl. im Partnerdiktat geschrieben.

5. „Wortsalat"
Beispiel:

t Au o	Auto
Vorderseite	Rückseite

Material wie oben oder keine Holzplättchen aus Abfallholz beim Schreiner holen und beschriften

Dieses Material sollte erst dann eingesetzt werden, wenn die Kinder eine gesicherte Vorstellung von dem Wortbild haben.
— Übung ausgewählter Wörter des GWS

— Zur Überprüfung der Synthesefähigkeit und der Wortbildvorstellung bei einzelnen Schülern in Zusammenarbeit mit dem Lehrer
— Als Angebot für Schüler, die eine gesicherte Wortbildvorstellung haben

Die Kinder können auch selbst Karten mit Wortsalat herstellen, die dann weiter verwendet werden.

6. Wortfächer
Beispiel:

Beschriften schmaler Pappstreifen mit den Buchstaben des betreffenden Wortes
Zusammenheften der unteren Enden
Kisten zum Aufbewahren

— Übung ausgewählter Wörter des GWS, um die Buchstabenfolge bewußt zu machen

Solche Wortfächer können auch zu weiteren „Lesewörtern" hergestellt werden, die eine Schwierigkeit gemeinsam haben, z.B.: Zuordnung von Laut/Buchstabenfolge bei Wörtern mit Sch, sch

— Zur Unterstützung der Synthesefähigkeit und zum Bewußtmachen der Buchstabenfolge eines Wortes für einzelne Schüler

Bezeichnung des Arbeitsmittels. Woraus wird es hergestellt?	Was kann damit gemacht und geübt werden?	Wie kann es eingesetzt werden im gemeinsamen und differenzierenden Unterricht?
7. Buchstabenwürfel 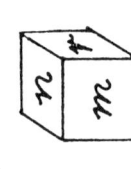  Herstellen von Würfeln aus Pappe oder Beschaffen von Holzwürfeln aus Abfallholz beim Schreiner Beschriften mit Selbstlauten und Mitlauten	— Zuordnung von Buchstabe und Laut Übung und Anwendung der Kenntnisse bei Wörtern des GWS	— Als Lernspiel für die gemeinsame Arbeit z.B.: Bilden eines Kreises, ein Kind würfelt einen Buchstaben und benennt ein anderes Kind, das den Laut sagt und entsprechende Wörter mit diesem Laut/Buchstaben auf der Liste der Lernwörter zeigt und liest . . . . [n] ein, eine, einen usw. — Als Angebot für Einzel- oder Partnerarbeit, Würfeln eines Buchstabens, Heraussuchen von Wörtern mit dem Buchstaben aus der Wortliste im Übungsheft, Vorlesen und Schreiben der Wörter

8. Reimwörterkarten
Beispiel:

aus	aus
das H....	das Haus
die M....	die Maus
die L....	die Laus

Vorderseite

Rückseite für die Selbstkontrolle

Karteikarten Din A 7,
Stifte zum Beschreiben, evtl. Klebefolie,
Karteikasten oder andere Kisten zum Aufbewahren
Hierfür können auch entsprechende Aufgaben aus Fibeln oder Arbeitsheften ausgeschnitten und aufgeklebt werden.

Solche Karten dienen vor allem der Wortschatzerweiterung und eignen sich als zusätzliches Angebot für die Arbeit mit dem GWS.
Die Schüler können sich gleiche Wortteile einprägen und auf andere Wörter übertragen (Transferlernen).

— Als zusätzliches Angebot für Schüler, die den vereinbarten GWS rechtschriftlich beherrschen
— Als Angebot für alle Schüler, wenn sie nach der Beendigung einer gemeinsam vereinbarten Aufgabe selbständig weiteres Arbeitsmaterial auswählen

9. Aufgabenkarten,
die aus entsprechendem Material die aus Erstlesewerken und Arbeitsheften zusammengestellt werden

Solche Karten können je nach dem zur Verfügung stehenden Material hergestellt werden. Die Aufgaben dienen vor allem der weiteren sprachlichen Förderung.

— Als Angebot für die Wahl selbständiger Aufgaben
— Gezielter Einsatz für Schüler, die die vereinbarten Lernwörter schon richtig schreiben

Bezeichnung des Arbeitsmittels. Woraus wird es hergestellt?	Was kann damit gemacht und geübt werden?	Wie kann es eingesetzt werden im gemeinsamen und differenzierenden Unterricht?
10. Lesekiste
Sie erwächst aus der Arbeit mit dem GWS. 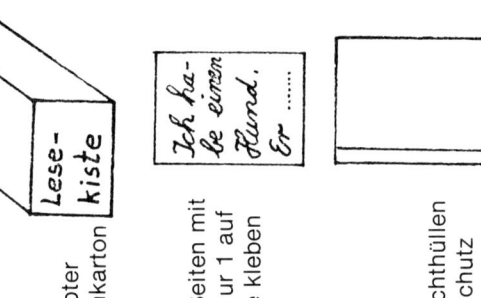 beklebter Schuhkarton lose Seiten mit Lineatur 1 auf Pappe kleben Klarsichthüllen zum Schutz	Die Wörter des GWS werden immer wieder in Sätzen bzw. kleinen Geschichten verwendet, um den sprachlichen Zusammenhang zu wahren. Dabei gebrauchen die Kinder auch solche Wörter, die nicht im GWS der Klasse enthalten sind.
Solche Texte oder auch eigene kleine Geschichten schreiben die Kinder gern und freiwillig nach der Korrektur noch einmal ab, malen dazu, kleben die Seiten auf Pappe und stecken sie in die Lesekiste.	— Angebot für alle Schüler, kleine Texte für die Klasse zu erstellen
— Als Lesematerial für die gemeinsame Arbeit, Einzel-, Partner- oder Gruppenarbeit
— Als Angebot für Selbstdiktate oder Partnerdiktate

Thema: „Omas alte Puppe" (Einführungsstunde)

Aussagen zur Lernausgangslage

In dem 1. Schuljahr sind 24 Kinder. Vier Schüler sind Ausländer. Sie können sich in deutscher Sprache verständigen und haben auch außerhalb der Schule Kontakt zu ihren Mitschülern. Ihre sprachlichen Kenntnisse konnten sie im Laufe des 1. Schuljahres ausbauen. Unsicherheiten bestehen noch im Satzbau, bei der Bildung von Verbformen und der Verwendung von Begriffen, die im täglichen Sprachgebrauch seltener gebraucht werden.

Die Klasse ist „normal" zusammengesetzt. Den bisherigen Beobachtungen nach zeigen neun Kinder besondere sprachliche Fähigkeiten. Die ausländischen Schüler und vier deutsche Schüler benötigen im Erstleseunterricht und Schreibunterricht zusätzliche gezielte Hilfen.

Über die Hälfte der Kinder liest nach einem halben Jahr vom Sinn her bekannte Wörter selbständig. Etliche Kinder können kleine, unbekannte Texte erlesen und den Sinn wiedergeben. Häufig vorkommendes Wortmaterial des benutzten Erstlesewerkes ist auch den Schülern mit sprachlichen Schwierigkeiten bekannt und wird von ihnen gelesen. Besondere Unterstützung brauchen diese Kinder noch bei der Zuordnung bestimmter Laute zu Buchstaben und bei der Synthese bekannter Buchstaben.

Durch den das Lesen begleitenden Schreiblehrgang sind die Schüler in der Lage, bekannte Buchstaben und Wörter zu schreiben. Hierbei bestehen Unterschiede in den motorischen Fertigkeiten und im Schreibtempo.

Um Voraussetzungen und individuelle Lernfortschritte der Kinder erfassen und verfolgen zu können, legte ich eine Kartei an, die als „Gedächtnisstütze" bei der Planung spezieller Maßnahmen für den Leselehrgang und die beginnende Arbeit mit dem Grundwortschatz dient. Hilfreich ist diese Kartei vor allem für die gezielte Förderung von Schülern mit bestimmten Schwierigkeiten.

Beispiel:
Klasse 1 — Ausschnitt zu Schülerbeobachtungen —

Name	Mündl. Sprache, Sprechbereitschaft	Buchstaben-kenntnis	Lesen	Schreiben Rechtschreiben	Arbeits- und Sozialverhalten Auffälligkeiten indiv. Bedürfn.
...	...	...	...	...	...
Roland	erzählt zusammenhängend, berichtet gern von eigenen Erlebnissen, fragt nach, wenn er etwas nicht verstanden hat	verfügt über sichere Kenntnis der bisher behandelten Buchstaben, kann Laute Buchstaben zuordnen	erliest selbständig kleine Texte, greift zu Lesematerial, das frei angeboten wird, weitere Förderung im sinngestaltenden Lesen	schreibt bekannte Buchstaben und Wörter, ist oft zu oberflächlich beim Schreiben, Übung von T, F, n, en, er	versteht Arbeitsaufträge, will schnell fertig werden, könnte manchmal sorgfältiger schreiben, hilft schwächeren Schülern, ist oft ungehalten, wenn ihm etwas mißlingt
...	...	...	...	...	...
Fernando	erzählt gern, Schwierigkeiten im Satzbau, bei der Bildung von Verbformen	weitere Übung bei der Zuordnung von Buchstaben/ Lauten und Laut/ Buchstaben besonders: Bb Pp Sch sch Dd	kann häufig vorkommende Wörter lesen, gezielte Übungen zur Synthese	braucht Hilfen beim Schreiben, m n r oft undeutlich	muß bei Aufgaben häufig nachfragen, kann in letzter Zeit besser mit seinem Partner arbeiten
...	...	...	...	...	...

Zum Zusammenhang der Stunde

Das Handwerkszeug, das die Schüler für die Arbeit brauchen, ist vorher mit den Kindern und den Eltern besprochen worden und liegt bereit. Die Kinder sind daran gewöhnt, daß zu Beginn des Unterrichts ein Gesprächskreis gebildet wird. Entweder erzählen wir von besonderen Ereignissen und Erlebnissen oder bringen etwas mit, das wir den anderen zeigen möchten. Oft schreiben wir dann Geschichten hierzu auf, die in den Geschichtenkasten kommen. Vicki wollte für den nächsten Montag eine alte Puppe mitbringen, die sie zum Geburtstag von ihrer Großmutter geschenkt bekommen hatte. Die Großmutter hatte schon als Kind mit der Puppe gespielt. Diese Situation wollte ich nutzen, um bestimmte Wörter herauszugreifen. Mit den Schülern wurde vorher geklärt, wozu das Übungsheft dienen soll. Auch wußten sie, daß wir am nächsten Wochenanfang mit der Arbeit beginnen wollten.

Zielsetzung der Stunde

Die Schüler sollen eine kleine Geschichte über die alte Puppe erfinden. Wir wollen fünf Wörter hieraus bestimmen, die auf Schwierigkeiten hin untersucht und ansatzweise gesichert werden.

Medien

Wandtafel,
kleine Schiefertafeln zum Vorüben der Wörter als Angebot,
Übungsheft der Schüler,
Tapete: Unsere Lernwörter

Schwerpunkte der Stunde

Die Gewinnung der Lernwörter ist eingebettet in einen situativen Zusammenhang. Beim Aufbau der Geschichte sollen möglichst viele Wörter verwendet werden, die den Schülern schon vom Leselehrgang her bekannt sind.
Die bisher selbst erstellten Texte, die jeweils einen konkreten Anlaß zum Inhalt haben, werden von den Schülern gern gelesen. Sie stehen als Angebot in der Lesekiste der Klasse zur Verfügung. Aufgeschrieben für diese Sammlung wurden sie anfangs von mir. Zunehmend übernehmen einzelne Kinder jetzt diese Schreibarbeit und malen Bilder zu den Texten. Der Schwerpunkt der Stunde liegt nicht in der Leseübung der selbst erstellten Geschichte, sondern in der Bestimmung von Lernwörtern, die rechtschriftlich gesichert und in die Liste der Lernwörter geschrieben werden sollen.
Übungsformen werden gemeinsam mit den Schülern besprochen. Sie werden im Ab- und Aufbau von Wörtern, in der Zuhilfenahme von Schiefertafeln beim übenden Schreiben und — je nach Arbeitstempo — im Partnerdiktat gesehen.
Zusätzliche Materialien wie Wortkarten etc. liegen für diese Stunde noch nicht vor.

Mit einer Gruppe sprachlich schwacher Schüler arbeite ich in der Phase der Übung eine Zeitlang zusammen.
Bei der Kontrolle der Wörter wird Wert darauf gelegt, daß die Kinder zunächst selbständig und eigenverantworltich die Schreibweise überprüfen, bevor ich die Ergebnisse kontrolliere.

Geplanter Verlauf

Schritte	Tätigkeiten der Schüler / der Lehrerin	Kommentar
1. Erstellen einer Geschichte	— Bilden eines Halbkreises vor der Tafel — Anknüpfen an Vickis Vorschlag, die alte Puppe mitzubringen — Zeigen der Puppe, die auf einen Stuhl vor die Tafel gesetzt wird — Gespräch unter den Kindern über die Puppe — Formulieren einer kleinen Geschichte als Lesematerial für den Lesekasten (Adressat: die Kinder selbst) — Lesen der Geschichte Überleitung zur nächsten Phase	Bei diesem Vorgehen wird ein situativer Anlaß genutzt. Häufig gebrauchte Wörter des Leselehrgangs werden in einem neuen Sinnzusammenhang verwendet, der für die Klasse Bedeutung hat.
2. Auswahl von Wörtern und Klärung von Schwierigkeiten	Problemstellung: Welche fünf Wörter aus der Geschichte sollen wir heraussuchen und in unsere Wortliste schreiben? — Vorschläge der Schüler werden besprochen — Unterstreichen der Wörter — Anschreiben der Wörter und Einkreisen von Schwierigkeiten (Wandtafel) — Sammeln von Vorschlägen für die Übung der Wörter und Klärung der Arbeitsschritte	Mit den Schülern wird vereinbart, daß solche Wörter herausgesucht werden sollen, die wir mit uns bekannten Buchstaben schreiben können und die wir wieder bei neuen Texten gebrauchen können.
3. Übung unter Beachtung von innerer Differenzierung	Schüler üben die Wörter, indem sie ● nach Wahl Wörter auf eine Tafel schreiben, ● schwierige Wörter ab- und aufbauen, ● alle Wörter vorne ins Übungsheft schreiben, die Wörter in die Wortliste eintragen Lehrerin arbeitet mit einer Gruppe von Kindern zusammen ● Übungen zum Identifizieren bestimmter Laute/Buchstaben bei den Wörtern ● Schreiben der Wörter ins Heft und in die Wortliste	Die Wahl der Übungen ist noch eingeschränkt und wird bei der Weiterarbeit mit dem GWS ergänzt. Die gezielte Lehrerhilfe ist für einige Kinder erforderlich.
Kontrolle	Jedes Kind kontrolliert seine Arbeit zunächst selbst, dann kontrolliert der Partner. Jeder scheibt sein Namenszeichen darunter.	
4. Vorstellen einiger Ergebnisse	Einige Kinder zeigen ihre Ergebnisse und erzählen, wie sie geübt haben. Die ersten 5 Lernwörter werden in die große Wortliste (Tapete) eingetragen.	

Darstellung der Ergebnisse

Die gemeinsam erstellte *Geschichte* lautete:

> Vickis Puppe
> Vicki hat eine schöne, alte Puppe.
> Sie ist von ihrer Oma.
> Die Puppe hat ein rotes Kleid an.
> Wir möchten alle mit ihr spielen.

> hat
> eine
> Puppe
> ist
> Oma

Eine Schwierigkeit erkannten die Schüler in dem Wort Puppe, das sie in ihrem Übungsheft ab- und aufbauten.
Die Schüler konnten selbst entscheiden, ob sie weitere Wörter durchgliedern wollten, die sie jeweils für schwierig hielten. Am Ende der Stunde hatten alle Kinder die ersten fünf Lernwörter des GWS in ihre Wortliste eingetragen.

Übungssequenz zu den Wörtern im Laufe der Woche

1. Tag: | Gewinnung der Wörter aus einer Situation hier: Geschichte über „Omas Puppe"

etwa 15 minütige Übung und Wiederholung der Lernwörter an den folgenden Tagen.

2. Tag: | *1. Gemeinsame Arbeit*
Festhalten der Übungsvorschläge auf einer Tapete (S.   )
Vorstellen der Wortkarten als weiters „Handwerkszeug",
Klärung des Vorgehens beim Herstellen der Wortkarten, Vorschläge für Übungen mit den Wortkarten
(abschreiben, Selbstdiktat, Partnerdiktat, Satz legen und schreiben)

> **2. Differenzierte Arbeit**
>
> Gruppe 1
> Herstellen der Wortkarten
> Wahl einer Übung
> Kontrolle des Geschriebenen
>
> Gruppe 2
> Herstellen der Wortkarten unter Anleitung der Lehrerin oder mit Hilfe eines Lernpartners
> Wahl einer Übung
> Kontrolle des Geschriebenen

3. Tag:
> **1. Gemeinsame Arbeit**
> Ergänzen der gemeinsam erfundenen Übungen, die die Schüler am Vortag ausprobiert haben
> z.B.:
> (S. 49)
> Worträtsel zu den Wörtern auf den Karten
> z.B.: Das Wort, das ich in der Hand habe, fängt mit ‚h' an und hört mit ‚t' auf (hat).
> Das gemeinte Wort wird auf der großen Liste „Unsere Lernwörter" gezeigt und vorgelesen
> (oder: Zeigen auf großen Wortkarten)
>
> **2. Differenzierte Arbeit**
>
> Gruppe 1
> Heraussuchen der Wortkarten, die Buchstaben gemeinsam haben
> Abschreiben der Wörter, Einkreisen der Buchstaben
> Beispiel:
> *hat ist hat Oma*
> Kontrolle der Wörter
>
> Gruppe 2
> Bei der bisherigen Übung hat sich gezeigt, daß Fernando und Sven die Wörter *Puppe* und *hat* noch nicht auswendig schreiben können.
> Legen der Wörter mit Buchstaben des Lesekastens
> Schreiben und Kontrolle der Wörter

4. Tag:
> 1. *Differenzierte Arbeit*
> (Die Schüler sind durch den Leselehrgang daran gewöhnt, Arbeitsmittel zu wählen)
> Als Materialien stehen zur Wahl:
> Druckkästen, Lesekästen, Karten mit Wortsalat, eine gebrauchte Schreibmaschine, Buchstabenwürfel, Geschichte „Omas Puppe" (auf der Tafel und als Lesekarte).
> Die Kinder können sich aus den bisherigen Übungen bestimmte auswählen.
> Sie können Wörter oder auch Sätze drucken.
> Dabei können sie in der Fibel nachschauen und weitere Wörter verwenden.
> Wer möchte, kann auch die Geschichte ins Übungsheft schreiben.
> 2. *Gemeinsame Arbeit*
> Vorstellen einiger Ergebnisse im Kreis.

5. Tag: Wir prüfen, ob wir die ersten fünf Lernwörter auswendig schreiben können.
1. Differenzierte Arbeit

> *Vicki bringt* (eine) ___ (Puppe) *mit.*
> *Sie* (ist) *von ihrer* (Oma) ___.
> *Sie* ___ (hat) *ein schönes Kleid an.*

Diesen Lückentext bekommen alle Kinder.

Die Schüler lesen den Text und legen die Wortkarten in die entsprechenden Lücken.
Sie „schreiben" die Wörter auswendig auf die Bank, legen die Wortkarten weg.

Die Lehrerin arbeitet mit einer Gruppe von 4 Kindern zusammen.
Lesen des Textes, Füllen der Lücken mit Wortkarten, „Schreiben" der Wörter auf die Bank.

2. Gemeinsame Arbeit
Die Sätze werden der Reihe nach vorgelesen.
Wörter, die in die Lücken kommen, werden zweimal genannt, bevor die Kinder sie schreiben.
Zum Schluß wird der Text noch einmal gelesen.

↓

Die Arbeitsergebnisse werden kontrolliert.

Kinder, die noch nicht alle Wörter richtig geschrieben haben, erhalten im Förderunterricht zusätzliche Hilfen.
In der Kartei mit den Schülerbeobachtungen werden unter der Spalte Schreiben/Rechtschreiben Ergebnisse notiert.
Beispiel:

Name	.....	Schreiben Rechtscheiben
Sandra		Übung der Wörter ist, Pu*pp*e

Pro Woche etwa drei bis fünf Lernwörter . . .
Ausschnitte aus der weiteren Arbeit

Verteilung und Gewinnung der Lernwörter
Wenn man etwa nach der ersten Hälfte des Schuljahres mit dem Aufbau eines Grundwortschatzes beginnt, stehen — nach Abzug von Feiertagen und Zeit für gemeinsame schulische Vorhaben — 15 Schulwochen zur Verfügung. Das bedeutet, daß pro Woche etwa 3 bis 5 Lernwörter bearbeitet werden müssen, um das gesetzte Ziel zu erreichen.
Die *Gewinnung* der weiteren Wörter erfolgte unterschiedlich. Ausschnitte aus der Arbeit werden hier kurz umrissen.
1. Die Kinder nennen Wörter, die häufig im Leselehrgang vorkommen und ihnen vertraut sind.
Beispiel: das Auto, der Vater, die Mutter
Diese Wörter werden in einen Text eingebunden, danach isoliert geübt und wieder in neuen Zusammenhängen verwendet. Die Großschreibung der Wörter der, die, das am Anfang von Sätzen wird dabei besonders herausgestellt.
2. Ein veränderter Text des benutzten Erstlesewerks ist Anlaß, um weitere Lernwörter zu bestimmen.
Beispiel:
Vater *und* Mutter *kaufen* ein.
Brot und Wurst wollen *sie* holen.
Das *Kind* ruft: Ich möchte ein *Eis* haben!
Da kauft Vater ein Eis
für das Kind
für die Mutter
und für sich.
3. Zwei Schüler haben freiwillig einen Text erstellt, der auf Fehler hin durchgesehen wurde. Er wird zum Anlaß für die Gewinnung weiterer Wörter genommen.

Beispiel:

> *Das Kind kommt*
> *aus der Schule.*
> *Es kauft ein Eis.*
> *Das Eis ist groß.* 🍦
> *Aber es wird immer*
> *kleiner.*
> *Nun ist es ganz klein.* ▽
> *Schade!*

4. Im fächerübergreifenden Unterricht wird das Thema „Wir besuchen den Zoo" behandelt (Teil B in diesem Buch). Über diesen Zoobesuch erstellen die Kinder ein gemeinsames Buch. Sie malen jeweils ihr Lieblingstier und schreiben einen Satz oder eine kleine Geschichte dazu. Häufig gebrauchte Wörter werden herausgegriffen und gesichert.

Übung und Wiederholung
Bei der Übung und Wiederholung des wachsenden Bestandes an Lernwörtern wurde versucht, Aspekte der Differenzierung im Hinblick auf die Förderung selbständigen Lernens und die Sicherung der Lernwörter einzusetzen. Hierbei spielten folgende Gesichtspunkte eine Rolle:

Differenzierungsaspekte:

- Training der neuen Lernwörter unter Beachtung verschiedener Zugangswege oder Eingangskanäle → selbständige Wahl gemeinsam besprochener Übungsformeln
- Verwendung der neuen Lernwörter im Zusammenhang mit bereits bekanntem Wortmaterial → gezielter Einsatz von Materialien und Arbeitsmitteln
- freie Wahl von Materialien und Arbeitsmitteln
- Hilfen durch die Lehrerin oder einen Lernpartner
- Förderung des selbständigen Umgangs mit den Wörtern, Anwendung in neuen Sinnzusammenhängen

---

- Wortschatzerweiterung durch Bilden neuer Verbformen und Pluralformen, Anwendung in Sätzen und Texten,
- Bilden neuer Wörter mit Hilfe bekannter Signalgruppen → zusätzliche Lernangebote für Schüler, die bereits sicher im Schreiben sind
- freie Wahl von Arbeitsmitteln, die für das Bilden neuer Wörter bereitstehen

---

- Kontinuierliche Überprüfung des Gelernten, Festhalten individueller Lernfortschritte
- Einplanung zusätzlicher Hilfen für Schüler mit Lernschwierigkeiten → selbstverantwortliche Kontrolle
- Wahl unterschiedlicher Formen bei der Überprüfung von Leistungen
- Reduzierung des Umfangs der Lernwörter für Schüler mit besonderen Lernschwierigkeiten

Zur Überprüfung oder Kontrolle des Grundwortschatzes

Bei der Arbeit mit einem Grundwortschatz geht es vor allem um Fehlervermeidung auf seiten der Schüler.
Mit anderen Worten:
Die Schüler müssen richtig schreiben wollen. Dazu müssen sie sich mehr oder weniger anstrengen wollen. Und hier liegt das Problem. Immer wieder hört man im Gespräch mit Lehrern:
„Die Kinder können nicht mehr richtig abschreiben. Vielen ist es ganz egal, ob sie Wörter richtig oder falsch schreiben.
Manchmal bin ich es leid, immer wieder dieselben Fehler zu verbessern..."
Unlust oder Gleichgültigkeit bei vielen Kindern, Enttäuschung bei Lehrern!
Was kann man tun?
Ein Rezept weiß ich nicht. Eins aber habe ich aus der langjährigen Arbeit gelernt:
— Jedes Kind muß das, was es geschrieben hat, zunächst *selbst kontrollieren.*
Es muß *genau vergleichen* lernen und eventuelle Fehlerstellen *verbessern.*
Bei der Arbeit mit dem Grundwortschatz im 1. Schuljahr versuchte ich, gemeinsam mit den Kindern Wege zu finden, um sie an diese Grundhaltung zu gewöhnen.
Wir vereinbarten folgende Regeln:
1. Ich kontrolliere, was ich geschrieben habe.
2. Ich verbessere Wörter, die noch nicht richtig sind.
3. Ich schreibe die beiden Anfangsbuchstaben meines Namens darunter (Zeichen für die Kontrolle, Alternative: Malen eines roten Kreises).
4. Mein Partner kontrolliert, was ich geschrieben habe. Er unterzeichnet mit den beiden Anfangsbuchstaben seines Namens (Alternative: Malen eines grünen Kreises).
5. Die Lehrerin kontrolliert und unterschreibt mit ihrem Namenszeichen.

Die Einhaltung dieser Regeln fiel etlichen Kindern anfangs schwer. Sie wollten die direkte Bestätigung durch die Lehrerin. Sicher kostete es mich oft viel Geduld, um konsequent zu bleiben. Aber die Anstrengung hat sich gelohnt. Einschränkungn ließen wir z.T. für die Partnerkontrolle gelten, wenn die Zeit nicht ausreichte oder unterschiedliche Aufgaben bearbeitet wurden.
Das fehlerhafte Wort wird am Rand gekennzeichnet. Nach der Verbesserung zeichnet die Lehrerin ab.

Beispiel für eine Korrektur

der Vater   der Vater
die Mutter   die Mutter
die Oma   die Oma
der Opa   der Opa
das Kind | das Kint
das Eis   das Eis Br.
Das Kind kauft ein Eis.
Die Oma kauft ein Eis.
         Ro Ei Ng

Für die *Leistungsüberprüfung* zur Festlegung individueller Lernfortschritte galt der Grundsatz: Überprüft werden kann nur das, was wir gelernt und geübt haben.
Die Überprüfung erfolgte im Klassenverband oder aber auch mit kleineren Gruppen im Förderunterricht.
Folgende Formen der Kontrolle wurden dabei gewählt:
1. Lückendiktate   zur Überprüfung neuer Lernwörter des GWS
2. Wortlistendiktate   zur Überprüfung neuer und bereits bekannter Lernwörter des GWS
3. Satzdiktate   zur Überprüfung neuer und bereits bekannter Lernwörter des GWS
4. Textdiktate   zur Überprüfung neuer und bereits bekannter Lernwörter des GWS

Für Schüler mit Lernschwierigkeiten reduzierte ich je nach den Beobachtungen den Umfang der Anforderungen, damit auch sie Erfolge haben konnten.

Behandlung von Besonderheiten

Die Behandlung von Besonderheiten der deutschen Rechtscheibung erfolgte im 1. Schuljahr nur ansatzweise. Ziel war, daß die Schüler die ausgewählten Lernwörter des Grundwortschatzes rechtschriftlich beherrschten und in Sinnzusammenhängen verwenden konnten. Zur Erreichung des Ziels gebrauchten die Schüler diese Wörter immer wieder. Auch konnten viele Schüler durch den Umgang mit den bekannten Lernwörtern auf die Schreibweise anderer Wörter schließen (z.B.: kaufen — ich kaufe — er kauft, der Tisch, der Fisch).

An Besonderheiten wurden im Laufe der Arbeit herausgehoben:
1. Satzanfänge schreibt man groß.
    Beispiel: Das Kind kauft ein Eis.
2. Bestimmte Wörter schreibt man immer groß.
    Beispiel: das Kind, der Vater, die Mutter.
    Der Begriff Nomen wurde im Zusammenhang mit dem Umgang der Lernwörter am Ende des 1. Schuljahres gebraucht, konnte aber noch nicht von allen Kindern richtig verwendet werden.
3. Schwierigkeiten, die wir entdeckt haben:

    Ba(ll), Pu(pp)e,
    sp(ie)len, l(ie)b

4. AUFBAU EINES GRUNDWORTSCHATZES IM 2. SCHULJAHR

Zielsetzungen der Rechtscheibarbeit im 2. Schuljahr

Bei der längerfristigen Planung ging ich von folgenden Zielvorstellungen aus:

— Die Kinder können Lernwörter des Grundwortschatzes richtig schreiben und das ABC-Heft als Nachschlagewerk benutzen.
— Der Gebrauch eines Wörterbuches soll angebahnt und als zusätzliches Angebot bereitgestellt werden.
— Die Kinder können die Lernwörter in eigenen Texten anwenden. Darüber hinaus sollen sie ermutigt werden, auch solche Wörter beim Schreiben von Geschichten zu gebrauchen, die rechtschriftlich noch nicht gesichert sind.
— Die Kinder können vom Grundwortschatz aus auf die Rechtschreibung weiterer Wörter schließen.
Diese Fähigkeit bezieht sich vor allem auf das Bilden von Reimwörtern, das Bilden von Verbformen und die Zusammensetzung von Nomen.
— Die Kinder erwerben weitere Kenntnisse über Buchstaben/Laute, kennen einige Besonderheiten der deutschen Rechtscheibung und können Lösungshilfen selbständig anwenden.

Kenntnisse über Buchstaben/Laute — Behandlung von Besonderheiten der deutschen Rechtschreibung	Lösungshilfen
Kennenlernen des Alphabets, Unterscheidung von Selbstlauten, Mitlauten	Probieren, wie Wörter ohne Selbstlaute klingen Austausch von Selbstlauten: Wand — Wind Hand — Hund
sch, st, sp am Anfang von Wörtern	Artikuliertes Sprechen, Zuordnung der Laute zu den Buchstaben anhand ausgewählter Lernwörter des GWS
d/t, g/k, b/p am Anfang von Wörtern	Deutliches Sprechen entsprechender Wörter, Benennen des Unterschieds beim Hören
d/t im Auslaut von Wörtern	Verlängern von Wörtern: Hand — Hände, Hut — Hüte gut — gute

Kenntnisse über Buchstaben/Laute — Behandlung von Besonderheiten der deutschen Rechtschreibung	Lösungshilfen
b im Auslaut von Wörtern g/k im Auslaut von Wörtern als zusätzliches Lernangebot	Verlängern von Wörtern
Umlautungen a ä o ö u ü au äu	Bilden der Mehrzahl bei bekannten Lernwörtern Hand — Hände Sohn — Söhne Mutter — Mütter Haus — Häuser
Trennung von Wörtern nach Sprechsilben	Sprechen von Wörtern nach Silben mit begleitendem Silbenklatschen, Zeichnen von Bögen unter die Silben Mutter → Mut-ter
doppelte Mitlaute im Wortinneren	deutliches Sprechen und Trennen nach Silben Mut-ter, But-ter, wol-len, sol-len
doppelte Mitlaute am Ende von Wörtern	Suchen „verwandter" Wörter soll kommt von sol-len, will kommt von wol-len
Großschreibung von Nomen	Was man mit diesen Wörtern machen kann: der, die oder das davorsetzen der Vater die Mutter das Kind die Mehrzahl bilden der Vater — die Väter die Mutter — die Mütter das Kind — die Kinder
(Die Unterscheidung von Wörtern nach Verben und Adjektiven erfolgt durch handelnden Umgang im weiteren Sprachunterricht)	

Zur Gewinnung und Auswahl der Wörter

Wie im 1. Schuljahr gilt auch bei der Fortführung der Arbeit im 2. Schuljahr: Die Lernwörter des Grundwortschatzes erwachsen aus der konkreten Arbeit in der Klasse.

Die Wörter können gewonnen werden aus:
— konkreten Situationen des Sprachunterrichts,
— speziellen Themen des Sprachunterrichts
 (z.B.: Was haben groß geschriebene Wörter gemeinsam?)
— fächerübergreifenden Themen
 (z.B.: aus dem Sach- und Sprachunterricht
  Kunst- und Sprachunterricht)
— der Arbeit mit einem Rechtschreibkurs.

Für die Auswahl der Lernwörter, die in den Grundwortschatz aufgenommen werden, sind weiterhin als *Kriterien* zu beachten:
— Häufigkeit der Wörter nach statistischen Auszählungen
— inhaltliche Klarheit
— Situationsbezug und Erfahrungswelt der Kinder
— Besonderheiten der deutschen Rechtschreibung.

Das Kriterium der Häufigkeit ist dabei besonders zu berücksichtigen, da durch die sehr oft gebrauchten Wörter ein Großteil der schriflichen Sprachverwendung „abgedeckt" wird. Sehr viele dieser Wörter werden beim Bilden von Sätzen immer wieder benötigt (z.B.: der, und, oder, am, an, im, in, nun etc.). Deshalb sollte auf das richtige Schreiben dieser syntaktisch wichtigen Wörter Wert gelegt werden.

Darüber hinaus wird der Lehrer in Zusammenarbeit mit den Schülern entscheiden müssen, *welche* konkreten Lernwörter rechtschriftlich gesichert werden sollen. Entscheidend ist sicher nicht, ob man z.B. Bezeichnungen für bestimmte Tiere im 2. Schuljahr in den Grundwortschatz aufnimmt oder nicht. Wenn Kinder das Wort Elefant oder Eichhörnchen auswählen möchten, sollten sie das tun. Entscheidend ist, daß der Wortbestand kontinuierlich wächst und unter verschiedenen Gesichtspunkten eingeübt und von den Kindern verwendet wird.

Für die eigene Arbeit im 2. Schuljahr benutzten wir als unterstützendes Mittel zusätzlich einen Rechtschreibkurs (Borringo/Niedersteberg/Niedersteberg, Rechtschreibkurs 2, Bagel-Verlag), mit dem die Kinder selbständig umgehen konnten. Er diente vor allem dazu, einige Rechtschreibphänomene herauszufinden und anhand aufgezeigter Hilfen zu lösen. Bestimmte Wörter wurden dann jeweils in den klassenbezogenen Grundwortschatz übernommen.

Hinsichtlich der Häufigkeit vorkommender Wörter orientierte ich mich weiterhin an H.-H. Plickat, Deutscher Grundwortschatz. Die Lernwörter, die wir bis zum Ende des 2. Schuljahres gewonnen haben, werden auf den folgenden Seiten angegeben. Die Liste ist als Arbeitshilfe zu verstehen. *Kursiv ge-*

druckt sind die Wörter, die sehr häufig vorkommen, also zum Kernwortschatz gehören. Bis auf die Wörter Bach, Clown, Esel, Igel, Indianer, Quatsch gehören alle weiteren Wörter dem engeren oder erweiterten Grundwortschatz an, den Plickat ermittelte.
Insgesamt wurden im 2. Schuljahr 255 neue Lernwörter aufgenommen und in einem ABC-Heft gesammelt (Handwerkszeug, das jeder Schüler braucht). Der besseren Übersicht wegen sind die Lernwörter des 1. Schuljahres mit in der alphabetischen Reihenfolge aufgeführt. Sie werden gekennzeichnet durch eine Klammerangabe.
Beispiel: Auto (1) bedeutet — Lernwort des GWS aus Klasse 1.
Einige flektierte Verbformen stehen jeweils unter oder neben dem Infinitv des betreffenden Verbs. Gesondert gezählt werden die Verbformen ißt, hatte, liest, muß, sieht, wird, will. Schwirige Vergangenheitsformen wurden erst im 3. Schuljahr ergänzt. Bestimmte Pluralformen werden ebenfalls mit angeführt, aber nicht extra gezählt, da die Schüler zur Bildung dieser Formen Lösungshilfen hatten (z.B.: Han*d* — Hän*d*e, Baum — Bäume — äu kommt von au).

Unsere Lernwörter
(1) = bereits bekannt aus dem GWS der Klasse 1

A a	baden	*bringen*	dick	F f
Abend der	Bahn die	Brot das,	die (1)	
aber	Ball der (1)	Brötchen	*doch*	fahren (1)
Affe der (1)	(Fußball der)	*Bruder* der	draußen	er fährt (1)
all, alle, alles	bauen	Buch das	*du*	Fahrt die
als	Bauer der	Bus der	dünn	*fallen*
alt	Baum der,	Butter die	*durch*	Familie die
am	Bäume		Durst der	*fehlen*
an	*bei*	C c		feiern
Antwort die	beide	Clown der	E e	fein
antworten	bekommen		Ei das	Ferien die
Apfel der	besuchen	D d	ein (1)	fernsehen
Arbeit die	*Bett* das	*da* (1)	eine (1)	*fertig*
arbeiten	bezahlen	dann	einen (1)	Film der
Ast der, Äste	*Bild* das	darum	einmal	finden
auch	Bilder	das (1)	Eis (1)	Fisch der
auf (1)	ich bin,	dein	*Eltern* die	fliegen
Auge das	du bist	dem (1)	*er* (1)	*fragen*
aus (1)	Blatt das,	den (1)	erzählen	Frau die
Auto das (1)	Blätter	*denken*	*es*	freuen
	blau	denn	Esel der	Freund der
B b	bleiben	*der* (1)	essen	Frühling der
Bach der	*Blume* die	dich	er ißt	Füller der
backen	*brauchen*		etwas	für

G g
ganz
Garten der
geben
gehen (1)
gelb
Geld das
gern
Geschäft das
Glas das, Gläser
groß (1)
gut

H h
haben (1)
ich habe (1)
er hat (1)
er hatte
Hand die, Hände
Haus das, (1) Häuser
Heft das
heißen
helfen
Herbst der
heute
hier
Himmel der
hin
hören
holen (1)
er holt (1)
Hose die
Hund, der Hunde
Hunger, der
Hut der, Hüte

I i
ich (1)
Igel der
ihm
ihr
im

in (1)
Indianer der
ist (1)

J j
ja
Jahr das
jetzt
jung
Junge der (1)

K k
kalt
kaputt
Katze die
kaufen (1)
kein (1)
Kind das (1)
Kinder (1)
Klasse die
Kleid das
klein (1)
kommen
können, ich kann
Kopf der
krank
kriegen
Kuchen der

L l
lachen
lang
laufen, er läuft
lernen
lesen, er liest
Leute die
lieb (1)
Lied das
liegen

M m
machen
Mädchen das
malen (1)

Mann der
Maus die
mein
mich
Milch die
mir
mit (1)
mögen, ich mag
morgen
Mund der
Mutter die (1)
müssen, ich muß

N n
nach
Name der
Nase die (1)
nein
neu
nicht
noch
nun
nur

O o
oder
ohne
Oma die (1)
Onkel der
Opa der (1)

P p
Papier das
Pause die
Pferd das
Puppe die (1)

Q q
Quatsch der

R r
Rad das, Räder
rechnen
Regen der
regnen
richtig

Rock der
rollen
Roller der (1)
rot (1)
rufen

S s
Sahne die
sagen
Sand der
Schiff das
schlafen
Schlitten der
Schnee der
schnell
schön
Schokolade die
schon
Schrank der
schreiben
Schule die (1)
schwarz
Schwester die
schwimmen
sehen, er sieht
sehr
sein
sich
sie (1)
sind
singen
Sohn der
sollen
Sommer der
Sonne die
Spaß der
spielen (1)
Stadt die
stehen
Straße die
suchen

T t
Tag der
Tante die

Tasche die	und (1)	W w	wenn	Wurst die
Tasse die	uns, unser		wer	X x
Teller der	unten	Wagen der	werden	—
Tier das		Wald der	er wird	
Tisch der (1)	V v	Wälder	wie	Y y
Tochter die	Vater, der (1)	wann	wieder	—
trinken	verkaufen	warm	Wind der	
tun, er tut	verlieren	warten	Winter der	Z z
Tür die	viel, viele	warum	wir (1)	Zeitung die
	Vogel der	was	wo (1)	Zelt das
U u	voll	waschen	wohnen	Zimmer das
über	vom	Wasser das	wollen	Zoo der (1)
Uhr die	von	weinen	ich will	zu
um	vor	weiß	wünschen	zum

Ordnungshilfen für den Lehrer

Um selbst eine Übersicht über den wachsenden Bestand des Grundwortschatzes zu haben, schrieb ich die bereits bekannten und jeweils neu gewonnen Lernwörter auf Karteikarten Din A 6 und ordnete sie nach alphabetischer Reihenfolge in einen Karteikasten ein. Dieser Karteikasten stand auf dem Pult. Einzelne Karten wurden bei Übungen im Klassenverband oder in Einzelarbeit verwendet.

Beispiel:

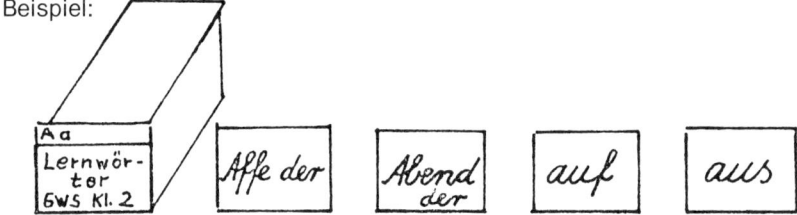

Zusätzlich legte ich kleine Karten an, auf denen Nomen, Verben und Adjektive gesammelt wurden.

Beispiel:

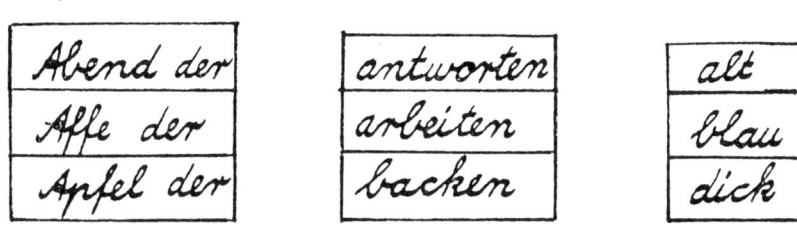

Die Ordnung nach Wortarten war vor allem hilfreich bei Wiederholungen zu bestimmten Gesichtspunkten wie:
— Sammeln aller Nomen von A bis C..., mit dem Buchstaben Sp...
— Sammeln von Nomen mit doppeltem Mitlaut
— Sammeln von Nomen, die zu einer bestimmten Sachgruppe gehören, z.B. *Familie:* *die Mutter, der Vater, das Kind, der Bruder, die Schwester, der Opa, die Oma, die Tante, der Onkel*
— *Sammeln von Adjektiven*
alt, blau, dick, dünn, fein, gelb, groß, gut, jung, kalt, kaputt, klein, krank, lieb, neu, richtig, schwarz ...
Ordnen nach Gegensätzen: *Ordnen nach Farben:*
alt   — jung   blau
alt   — neu   gelb
dick — dünn   schwarz
groß — klein etc.   ...
— Sammeln aller Verben mit dem Buchstaben f...
und Verwenden in Sätzen

Zur Feststellung von Lernfortschritten und Lernschwierigkeiten einzelner Schüler führte ich die Stichwortkartei aus dem 1. Schuljahr in etwas veränderter Form weiter.
Beispiel:

Name	Mündliche Sprache Sprechbereitschaft	Lesen	Schreiben/ Rechtschreiben	indiv. Bedürfnisse Auffälligk.
Fernando	erzählt weiterhin gern, Unsicherheiten im Satzbau	kann vom Sinn her bekannte Wörter, die aus 5-6 Buchstaben bestehen, selbständig erlesen	Schwierigkeiten bei Buchstabenverbindungen bl, br, bei Großschreibung von Nomen, bei der selbständigen Kontrolle des Geschriebenen	will Aufgaben oft persönlich von mir erklärt haben

Handwerkszeug, das jeder Schüler braucht

Zu Beginn des 2. Schuljahres benutzten wir zunächst die Materialien aus der 1. Klasse weiter und führten die Arbeit in der gewohnten Weise fort. Die Kinder hatten z.B. viel von den Ferien zu erzählen und stellten eine Menge Fragen untereinander. Diese Situation nutzte ich u.a., um die Fragewörter wann, warum, was, wer, wie (*wo* war aus dem 1. Schuljahr bekannt) in den Grundwortschatz aufzunehmen.

Von der zweiten Woche an behandelten wir das Thema
„Das ABC oder das Alphabet"
Die Kinder brachten Lexika, Wörterbücher und Telefonbücher mit. Sie entdeckten, daß das ABC ein geeignetes Mittel ist, um sich in Büchern besser zurechtfinden zu können. Im Laufe der Unterrichtsreihe wurden folgende Schwerpunkte behandelt:
— Das ABC als Ordnungshilfe
— Die Reihenfolge des Alphabets
— Einschätzung der „Lage" bestimmter Buchstaben nach Anfang — Mitte
  — Ende des Alphabets
— Vorgänger und Nachfolger bestimmter Buchstaben
— Unterteilung des Alphabets nach Selbstlauten und Mitlauten
— Verschlüsselung von Wörtern in der Geheimschrift Zahlen-ABC, Entschlüsseln der Wörter
— Ordnen der Namen nach dem ABC.

Im Anschluß hieran überlegten wir, wie wir die bisherigen Lernwörter neu ordnen könnten. Die dafür vorgesehenen Seiten in dem Übungsheft des 1. Schuljahres seien fast voll und zudem seien die Wörter dort „durcheinander" aufgeschrieben, meinten die Kinder.
Als Möglichkeiten bieten sich an:

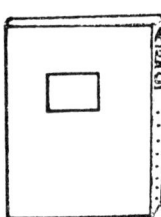

Registerheft mit alphabetischer Einteilung

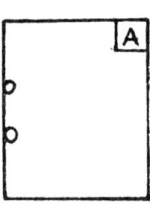

Ringbuch DIN A 5 mit einem alphabetischen Register

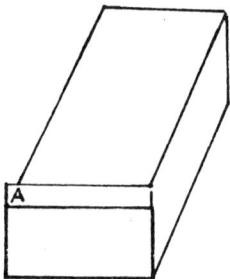

Wortkarten, die nach alphabetischer Reihenfolge in einen entsprechenden Kasten eingeordnet werden.

Nach Absprache mit den Eltern entschieden wir uns für das Eintragen der Lernwörter in ein Registerheft, mit dem bis zum Ende der Grundschulzeit gearbeitet werden sollte. Wir nannten es ABC-Heft.
(Idee von Helga Kleingeist, GS Astrid Lindgren, Ratingen; Klassenbezogener Grundwortschatz, in: Handreichungen für die Grundschule, Rechtschreiben Teil 1. In diesem Heft sind weitere Anregungen für die Arbeit mit einem Grundwortschatz zu finden).
Für das Eintragen der Lernwörter vereinbarten wir folgendes Verfahren:

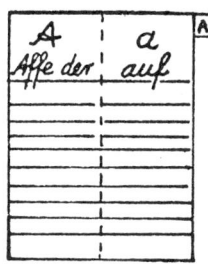

— Knicken der Seiten in der Hälfte, um eine „Mittellinie" zu erhalten.
— Eintragen groß geschriebener Wörter in die jeweils linke Spalte
— Eintragen klein geschriebener Wörter in die jeweils rechte Spalte

Wer möchte, kann ein „Leitbild" zu dem jeweiligen Großbuchstaben malen.
Beispiel:

(Apfel)   (Ball)

Nach diesen Vorarbeiten und Vorbesprechungen ordneten wir die bisher gewonnenen Lernwörter nach dem Alphabet und trugen sie im Laufe der Woche in unser ABC-Heft ein.
Ich selbst führte auch ein solches Heft, das ich z.B. Kindern ausleihen konnte, wenn sie gefehlt hatten.
Als weiteres „Handwerkszeug" benutzten wir — wie schon im 1. Schuljahr — ein Heft, das für Rechtschreibübungen bestimmt war.

Vorteile:
Die Kinder können die Rechtschreibarbeit verfolgen.
Sie können begonnene Aufgaben am nächsten Tag fortführen.
Der Lehrer kann die Hefte nach der Selbstkontrolle der Schüler einsammeln.
Er kann bestimmte Fehlerquellen feststellen, sie in der Stichwortkartei bei den Beobachtungen zum Rechtschreiben notieren und entsprechende zusätzliche Hilfen für bestimmte Kinder einplanen.

Vorschläge für die Arbeit mit dem ABC-Heft.

Die Sammlung von Übungsvorschlägen erfolgte zunächst in Anlehnung an die Aufgaben, die wir schon im 1. Schuljahr gefunden und erprobt hatten. An die Stelle der Wörterliste im Übungsheft der Schüler war nun das ABC-Heft getreten. An die Stelle der Bildzeichen traten nun hauptsächlich verbale Erklärungen. Ich schrieb die Vorschläge auf große Plakate, die in der Klasse aushingen.

Mögliche Aufgaben, die im Laufe des 2. Schuljahres gesammelt und erprobt wurden, werden hier als Anregung für die eigene Arbeit in der Klasse vorgestellt.

Zeichen: ☺ = Einzelarbeit, 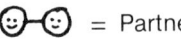 = Partnerarbeit

☐ = Gruppenarbeit

Aufgaben zum ABC-Heft

1. Ich übe Wörter, die für mich noch schwer sind.
   Ich baue das Wort ab und wieder auf.

2. Ich lese ein Wort vor, der Partner nennt die Laute.

3. Ich nenne die Laute eines Wortes, der Partner sagt, wie es heißt.

4. Wir diktieren uns gegenseitig Wörter.

5. Ein Kind aus der Gruppe diktiert Wörter.

6. Ich erfinde Sätze mit Wörtern aus dem ABC-Heft und schreibe sie auf.

7. Wir erfinden gemeinsam Sätze und schreiben sie auf.

8. Ich schreibe Sätze als Selbstdiktat.

9. Wir diktieren uns gegenseitig Sätze.

10. Ich erfinde kleine Geschichten mit Wörtern aus dem ABC-Heft und schreibe sie auf.

Diese Aufgaben sind allgemein formuliert und dadurch auf verschiedenes Wortmaterial des ABC-Heftes übertragbar. Für Phasen der Übung, in denen es um die Sicherung neuer Lernwörter ging, vereinbarten wir z.B., zunächst

die Punkte 1 - 3 zu bearbeiten. Kinder, die fertig waren, konnten dann weitere Aufgaben frei wählen.
Ebenso wurden diese Aufgaben bei Wiederholungen bereits bekannter Lernwörter eingesetzt. Aus dem Angebot konnten sich die Kinder entweder bestimmte Übungen auswählen, oder wir vereinbarten eine gemeinsame Aufgabe (z.B.: Wir diktieren uns gegenseitig Wörter mit B aus dem ABC-Heft).
Die folgenden Vorschläge wurden im Zusammenhang mit der Behandlung spezieller Themen und Probleme der Rechtschreibung gesammelt. Die Kinder nannten sie „Spezial-Aufgaben".
Sie wurden jeweils besprochen und nur gezielt in bestimmten Phasen der Übung eingesetzt.

Spezial-Aufgaben zum ABC-Heft

	Beispiele:
Setze Wörter in Geheimschrift um.	Ball I ı I I MSMM
Zähle die Buchstaben und schreibe alle Wörter mit (?) der Länge nach auf. ((?) wird geweils bestimmt)	an am als alle ...
Schreibe alle Nomen mit (Sch) auf.	die Schule
Schreibe alle Wörter mit (St) und (st) auf.	die Straße, stehen
Suche Nomen heraus, die ein (d) am Ende haben. — Setze sie in die Mehrzahl.	die Hand — die Hände
Suche Nomen heraus, die ein (t) am Ende haben. — Setze sie in die Mehrzahl.	der Hut — die Hüte
Suche alle Nomen mit (?) heraus und setze sie in die Mehrzahl.	der Apfel — die Äpfel
Suche Wörter heraus, die zwei Silben haben. Trenne die Wörter. (Die Wörterliste muß vorher auf Sonderfälle der Trennung hin durchgesehen werden, die die Schüler noch nicht kennen).	der Ap-fel die Ar-beit ba-den
Suche Wörter wie Mu(tt)er, e(ss)en heraus und trenne sie.	die Mut-ter es-sen
Suche alle Verben mit (?) heraus und schreibe sie auf.	baden

Käufliche Materialien für die Arbeit mit dem Grundwortschatz

Im 2. Schuljahr wurden weiterhin benutzt (S. 52 ff.):

Material	Was kann damit geübt werden? Wie kann es eingesetzt werden?
1. Schüler-Lesekasten zum CVK-Leselehrgang	— Im ersten Drittel des 2. Schuljahres vor allem für Schüler mit Lernschwierigkeiten, um Buchstaben bewußt zu machen
2. Druckkasten Wir drucken	— Gezielter Einsatz zur Durchgliederung neuer Wörter für Schüler mit Lernschwierigkeiten — Als Angebot zum Drucken von Sätzen oder kleinen Geschichten
3. Setzleisten und Bildwortkarten	— Vor allem für Schüler mit Lernschwierigkeiten — Als Angebot für Selbstdiktate oder Partnerdiktate (Punkt 1, S. 90)
4. Schiefertafeln	— Gezielter Einsatz für Schüler mit schreibmotorischen Schwierigkeiten — Als Angebot zum Üben von Wörtern, bevor sie ins Übungsheft geschrieben werden
5. Gebrauchte Schreibmaschine(n)	— Zur Durchgliederung bestimmter Wörter für einzelne Schüler — Als Angebot für das Schreiben von Texten für die Lesekiste

Als *weitere Materialien* werden empfohlen:

6.	Pelikan-Lernquik-Lerngerät Lernquik Deutsch 1 Verlag: Pelikan AG.	— Als Angebot für freie Wahl von Übungen
7.	Leseuhren Verlag: Maier, Ravensburg	— Als Angebot für freie Wahl von Übungen
8.	Lesememory Verlag: Maier, Ravensburg	— Als Angebot für freie Wahl von Übungen
9.	Wortspiel Verlag: Maier, Ravensburg	— Als Angebot für freie Wahl von Übungen
10.	Wörter sprechen — Laute hören Verlag-Maier, Ravensburg	— Gezielter Einsatz für bestimmte Kinder unter Anleitung des Lehrers
11.	CVK-Kartei Rechtschreibung Verlag: CVK, Berlin	— Als Angebot für freie Wahl von Übungen
12.	Grundwortschatz-Kartei für das 1. und 2. Schuljahr Verlag: Hirschgraben, Frankfurt/M.	— Als Lese- und Rechtschreibübung in Einzel-, Gruppen- und Partnerarbeit

Zur Unterstützung der Arbeit mit einem Grundwortschatz können Rechtschreibkurse und -lehrgänge herangezogen werden, z.B.:
Borringo, Niedersteberg, Niedersteberg:
Rechtschreibkurs 2, Düsseldorf (Schwann-Bagel) 1982
Pollert, Sennlaub: Rechtschreiblehrgang, Berlin (CVK) 1983

Angebot selbstgefertigter Arbeitsmittel

Für die Herstellung braucht man an Materialien (auch S. 55 ff.)
— Karteikarten
— Plakatkarton oder Holzplättchen aus Abfallholz
— Bilder (oder eigene Zeichnungen)
— Filz- oder wasserunlösliche Folienstifte oder Tusche zum Beschriften
— Klebefolie zum Überziehen
— Klarsichthüllen
— Übungsangebote aus Rechtschreibkursen oder anderen Büchern
— Kisten zum Aufbewahren.

Diese Arbeitsmittel eignen sich vor allem für den Einsatz in Phasen der Differenzierung.

Arbeitsmittel	Was kann damit geübt werden? Wie kann es eingesetzt werden?
1. Bildworkarten für die Setzleiste (Fortführung aus Klasse 1) Beispiel:   oder 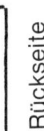 Vorders. Rückseite (für die Arbeit ohne Setzleisten)	— Zur Übung von Nomen, die einzelne Kinder noch nicht auswendig schreiben können — Gezielter Einsatz für bestimmte Kinder zur Übung von Wörtern, die inhaltlich zusammengehören, z.B.: Sachen zum Essen: der Apfel, das Brot, das Ei, der Kuchen, die Wurst . . . . — Als Angebot zum Ordnen von Nomen nach dem ABC — Als Spielangebot für Memory, z.B. der Vater — die Mutter, der Bruder — die Schwester . . . . — Als „Reizwörter", um Geschichten zu erfinden und mündlich zu erzählen. Z.B.: Aus einer Gruppe von etwa 10 Karten zieht ein Kind 3 Karten und erzählt seinem Partner (oder der Gruppe) eine Geschichte dazu. Nun ist der Partner (das nächste Kind aus der Gruppe) an der Reihe. — Als „Reizwörter", um Geschichten zu erfinden und aufzuschreiben. Nach der Korrektur schreiben die Kinder die Geschichten ab, malen dazu, lesen sie vor, stecken sie in die Lesekiste.

2. Unsere Lesekiste
   (Fortführung aus Klasse 1)

   — Durch das Schreiben eigener Geschichten wenden die Kinder Wörter des GWS in neuen Zusammenhängen an. Sie erfahren, daß man durch Schreiben anderen etwas mitteilen kann.
   — Als Leseangebot für alle Kinder
   — Als Textangebot für Diktate, wenn einzelne Schüler das möchten und sich die Aufgabe zutrauen

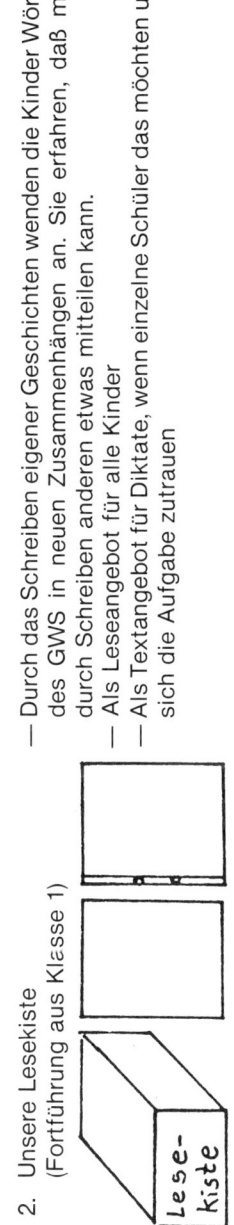

Schreiben der Geschichten auf lose Seiten mit Lineatur 2, Aufkleben der Seiten auf Pappe, Karsichthüllen zum Schutz

3. Wortpuzzle (Fortführung aus Kl. 1) zu Verben mit 2 Silben

   — Zur Übung bestimmter Verben, die einzelne Schüler noch nicht auswendig schreiben können. Sie legen die Teile richtig zusammen und schreiben die Verben ins Übungsheft.
   — Als Angebot für die freie Wahl von Aufgaben.
     Die Kinder können evtl. auch selbst solche Wortpuzzles herstellen.

   Vorderseite   Rückseite

4. Silbenrätsel
   Beispiel:

   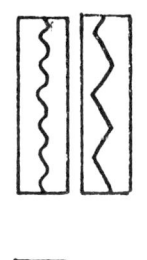

   — Gezielter Einsatz für bestimmte Kinder, um die Strukturierung von Wörtern zu unterstützen. Die Kinder schreiben die Wörter mit Trennungsstrich ins Übungsheft.
   — Als Angebot für Partnerarbeit

| Arbeitsmittel | Was kann damit geübt werden? Wie kann es eingesetzt werden? |

Kontrolle: entweder Markierungen auf der Rückseite der zusammengehörenden Teile oder Beigabe eines Kontrollblattes

```
Bru - der
schwe-ster
...
```

— Erkennen gleicher Wortteile
— Zur Übung bestimmter Wörter für einzelne Kinder
— Die Reimwörter werden ins Übungsheft geschrieben
— Als Angebot für die freie Wahl von Aufgaben
— Wortschatzerweiterung (2. Beispiel)
  Zu bestimmten Lernwörtern des GWS werden neue Wörter durch Reimbildung hinzugewonnen. Dadurch wird Transferlernen ermöglicht.
— Als zusätzliches Lernangebot
— Als Angebot für die freie Wahl von Aufgaben

5. Reimwörterkarten (Fortführung aus Klasse 1)
Beispiel:

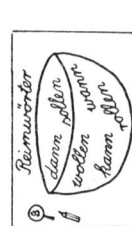 

👁 = suche / ✏ = schreibe auf
Vorderseite
Rückseite

Lösung auf der Rückseite wie oben

6. „Merkmal-Karten"
   Beispiel:

   > Für Kniffler!
   > der Wagen, das Bett, der Bus, das Auto
   > 1. Welche Wörter passen zusammen?
   > 2. Welches Wort paßt nicht?

   > Lösung
   > 1. der Wagen, der Bus, das Auto
   > 2. das Bett

   — Als zusätzliches Lernangebot für Kinder, die solche Aufgaben lösen können
   — Als Angebot für die freie Wahl von Aufgaben, z.B. in Partnerarbeit (die Zusammenstellung der Wörter kann nach verschiedenen Merkmalen erfolgen:
     z.B.: gelb, dünn, blau, rot (Farben)
     gelb, dünn, spielen, rot (Adjektive)
     arbeiten, draußen, spielen, sehen (Verben)
     mich, er, dich, sich (Reimwörter)
     die Fahrt, fallen, fahren, er fährt („verwandte" Wörter))

7. Verbkarten
   Beispiel:

   > (spielen)
   > Die Kinder ——— mit dem Ball.
   > Sven ——— nicht mit.
   > Da fragt Roland: „Was hast du?"
   > Warum ——— du nicht mit uns?

   > Lösung
   > Die Kinder spielen mit dem Ball.
   > usw.

   — Bildung von Verbformen innerhalb von Sätzen, die Wörter des GWS enthalten
   — Gezielter Einsatz für bestimmte Schüler
   — Die Sätze werden ins Übungsheft geschrieben.
   — Als Angebot für die freie Wahl von Aufgaben
   — Als Partnerdiktat

Rückseite

Arbeitsmittel | Was kann damit geübt werden? Wie kann es eingesetzt werden?

8. Verbkarten zur Bildung neuer Verben
   Beispiel:

— Wortschatzerweiterung durch Bildung neuer Verben mit entsprechenden Vorsilben
— Als zusätzliches Lernangebot für Schüler, die Wörter des GWS richtig schreiben können und die Verben in eigenen Sätzen anwenden können.
— z.B.: Ich möchte etwas vorlesen.

spielen, laufen, (vor) schreiben, machen, lesen

Lösung

vorlesen
vorschreiben
usw.

9. Karten zur Bildung zusammengesetzter Nomen
Beispiel:

— Als zusätzliches Lerngebot
— Als Angebot für die freie Wahl von Aufgaben

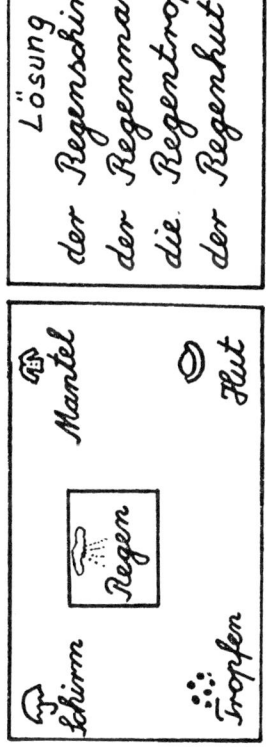

10. Aufgabenkarten mit geeignetem Materia. aus Rechtschreibkursen, Folienmappen etc. Verwendung von Matrizenabzügen zur Wiederholung von Aufgaben

— Je nach Aufgabenstellung gezielter Einsatz für Schüler mit Lernschwierigkeiten.
— Als Angebot für die freie Wahl von Aufgaben

Pro Woche 6 Lernwörter...
Beispiele aus dem Unterricht

Bei der Planung ging ich davon aus, daß etwa 250 neue Lernwörter in den Grundwortschatz der 2. Klasse aufgenommen werden sollten und dafür rund 40 Schulwochen zur Verfügung standen. Für die Verteilung der Lernwörter auf die einzelnen Wochen bedeutete das:
Pro Woche können etwa 6 neue Lernwörter gewonnen und gesichert werden.
Wir schrieben die Wörter jeweils an eine bestimmte Stelle der Tafel, so daß wir genau wußten, um welche Lernwörter es in der jeweiligen Woche ging.

Lernwörter der Woche	

Beispiel: Was wir gern essen
Zeitpunkt: Anfang des 2. Schuljahres
Zusammenhang der Arbeit:
Innerhalb der Unterrichtsreihe „Das ABC oder das Alphabet" bearbeiteten wir die entsprechenden Seiten des benutzten Rechtschreibkurses, setzten bereits bekannte Wörter in Geheimschrift um, ordneten die eigenen Namen und trugen die Wörter aus dem 1. Schuljahr ins ABC-Heft ein.
Roland meinte, er wisse von seiner großen Schwester noch ein ABC, das „Was ich gern esse — ABC", Apfel, Birne, Brötchen... Für den nächsten Tag sollte jeder etwas mitbringen, was er besonders gern ißt. Wir legten diese Dinge dann auf ein großen Tablett in den Kreis, erzählten und stellten Rätsel wie:
Es fängt mit (Sch) an und hört mit (e) auf (Schokolade).
Wir ordneten die Bezeichnungen nach dem Alphabet, schrieben die Wörter ab und malten dazu Bilder.
Aus diesen Bezeichnungen wurden ausgewählt:

Lernwörter der Woche	der Apfel, das Brot, das Brötchen, die Schokolade, die Wurst, essen, er ißt, gern

Unterstrichen (mit roter Kreide) sind Schwierigkeiten, die die Kinder nannten. Die weiteren Nahrungsmittel, die gesammelt wurden, schrieb ein Kind auf ein Heftblatt, malte dazu, klebte es auf Pappe, und wir steckten das Arbeitsmittel in einen dafür vorgesehenen Kasten.

Übungssequenz zu den Lernwörtern

1. Tag:
Gewinnung der Lernwörter aus der beschriebenen Situation
Übung der Wörter im Übungsheft
Vereinbarte Aufgaben (S. 87)
- Ab- und Aufbau der Wörter Apfel, Brötchen, ißt
- Schreiben aller Wörter ins Übungsheft
- Übertragen der Wörter ins ABC-Heft, jeweils das Wort genau kontrollieren
  (Schüler mit Lernschwierigkeiten erhalten Hilfe durch die Lehrerin)
- Wahl weiterer Aufgaben je nach Arbeitstempo

2. Tag:
Verwenden der neuen Lernwörter in Sätzen mit bekannten Wörtern aus dem ABC-Heft
1. Gemeinsame Arbeit:
Verdeutlichung an einem Beispiel:
Ich esse gern Schokolade.
Vater ißt gern Wurst.

2. Differenzierte Arbeit:

Gruppe 1	Gruppe 2
Die Kinder schauen im ABC-Heft nach und erfinden in Einzel- oder Partnerarbeit Sätze, die ins Übungsheft geschrieben werden. Freie Wahl weiterer Aufgaben, wenn noch Zeit bleibt.	Einsatz von Bildwortkarten für 2 Schüler. Schreiben und Vergleichen der Wörter. Schreiben eines Satzes, Hilfe durch die Lehrerin

3. und 4. Tag:
1. Gemeinsame Arbeit:
Die Kinder lesen Sätze vor, die sie geschrieben haben.
2. Differenzierte Arbeit:
Auswahl von Aufgaben
— Übertragen von neuen Wörtern in Geheimschrift, der Partner löst die Rätsel
— Drucken von Wörtern, Sätzen oder einer kleinen Geschichte
— Partner- oder Gruppendiktat (Wörter oder Sätze)
— Freie Wahl von Arbeitsmitteln, die zur Verfügung stehen
3. Vorstellen von Ergebnissen im Klassenverband

5. Tag: Wir überprüfen, ob wir die neuen und bereits bekannten Lernwörter auswendig schreiben können.
Gemeinsame Arbeit:

Wörter:	Sätze:
die Wurst	Ich esse gern Brötchen.
das Brot	Opa ißt gern eine große Wurst.
der Apfel	Oma ißt keine Wurst.
die Schokolade	

Alternative:
Die Überprüfung muß nicht gemeinsam erfolgen. Kinder, die Lernschwierigkeiten haben, können die Wörter z.B. im Förderunterricht nach Diktat schreiben.
Kontrolle und Auswertung der Ergebnisse.

In der folgenden Woche wurden zu dem Bereich: *Was wir gern essen* an Lernwörtern ergänzt:

Lernwörter der Woche	der Hunger, das Ei, die Butter, der Kuchen, backen, ich möchte

Beispiel: Einführung der Wörter am, an, im, vom, von, vor
Zeitpunkt: Erstes Drittel des 2. Schuljahres
Zusammenhang der Arbeit:
Die Kinder hatten diese Wörter im Zusammenhang mit vorgegebenen Texten schon öfter geschrieben, sie standen aber noch nicht im ABC-Heft. Zur Einführung der Wörter bereitete ich Bildelemente für den Overheadprojektor vor, die man verschieben konnte. Aus diesen Elementen „bauten" wir eine Geschichte.

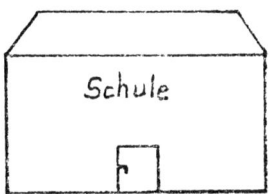  

Die Geschichte lautete:
Jens kommt *von* der Schule und sieht einen großen Apfel.
Er hängt *am* Baum.
Sven sieht den Apfel *an*.
Er schüttelt, und da fällt der Apfel *vom* Baum.
Er fällt genau *vor* seine Füße.

Sven ißt den Apfel.
Er meint: Nun ist der Apfel nicht mehr *am* Baum, sondern *im* Bauch.
Wir unterstrichen die „kleinen Wörter", schrieben sie auf in der Spalte

Lernwörter der Woche	*am, an, im, von, vor*

und trugen sie ins ABC-Heft ein.
Ein Kind schrieb diese Geschichte für die Lesekiste auf.

Möglichkeiten für *weitere Übungen* mit diesen Wörtern:

- Verwenden der Wörter im, in (bekannt aus Klasse 1), am, vom, von in Sätzen
- Bilden von Verben

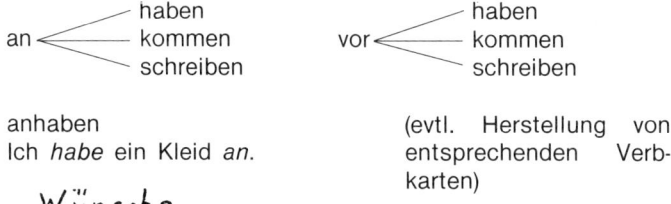

anhaben
Ich *habe* ein Kleid *an*.

(evtl. Herstellung von entsprechenden Verbkarten)

Wünsche...

Beispiel: Doppelte Mitlaute im Wortinnern und am Ende von Wörtern —
Schreiben eines Textdiktates —
Zeitpunkt: Nach etwa 5 Monaten des zweiten Schuljahres
Zusammenhang der Arbeit:
Bei der Gewinnung der bisherigen Wörter wurden doppelte Mitlaute jeweils als Schwierigkeit von den Kindern entdeckt und als „Rechtschreibfallen" markiert. Trotzdem tauchten beim Schreiben dieser Wörter Unsicherheiten auf. Deshalb überlegten wir, welche Hilfen wir anwenden könnten, um solche Wörter richtig zu schreiben. Wir suchten entsprechende Lernwörter aus dem ABC-Heft heraus und fanden folgende Hilfen oder „Tricks" heraus.

Trick: die Mutter die Butter der Füller	*Trenne die Wörter und höre genau hin!* *Beispiel: Mut-ter Fül-ler*	*Die Regel: Zwischen zwei kurz gesprochenen Selbstlauten steht ein doppelter Mitlaut ist für Kinder eines 2. Schuljahres zu kompliziert!*

der Mann der Ball das Bett dünn kaputt ich kann	*Trick:* Verlängere die Wörter und trenne sie. Suche verwandte Wörter und trenne sie. Beispiel: Mann → Män-ner dünn → dün-ne kann → können

Wir schrieben in die Spalte

Lernwörter der Woche	Wörter mit doppelten Mitlauten Wir wenden Tricks an! Mut-ter, Mann → Män-ner, kann → kön-nen

Mit bereits bekannten Wörtern stellten wir einen Diktattext zusammen. Das Thema lautete: Wünsche
Die Kinder konnten sich in Gruppenarbeit zu vorgegebenen Wörtern aus dem ABC-Heft Sätze überlegen, die wir dann sammelten. Folgender Text entstand.

Wünsche
Sven möchte einen Fußball haben. Sein Ball ist kaputt.
Britta will gern eine neue Puppe haben.
Vicki bekommt einen Füller.
Fernando möchte ein neues Bett haben.
Opa wünscht sich einen großen Kuchen mit viel Butter.

Erläuterungen zum Diktattext:
Alle Wörter — bis auf die Namen, die beim Diktieren angeschrieben wurden — waren den Kindern aus dem ABC-Heft bekannt. Das Wort *Wünsche* wurde in Analogie zu *wünschen* gebildet, das Wort Fußball schlugen die Kinder in Anlehnung an Ball vor und trugen es an dieser Stelle auch in das ABC-Heft ein.
Wenn man die Namen abzieht, umfaßt der Diktattext *32 Wörter*. Acht Wörter hiervon sind Wiederholungen, und zwar:

möchte	— zweimal
einen	— dreimal
haben	— dreimal

Bei der *Vorbereitung* auf das Diktat wurden folgende *Übungsschritte* gewählt:
- Jedes Kind schreibt den Text ab und unterscheidet die Wörter, die es noch nicht sicher schreiben kann.
- Jedes Kind übt diese Wörter isoliert in Einzelarbeit; Kinder mit Lernschwierigkeiten erhalten Hilfen durch die Lehrerin.
- Alle Wörter mit doppelten Mitlauten schreiben die Kinder heraus und wenden Tricks an.
Beispiel:
Fußball → Fußbäl-le (Kontrolle:
kaputt → kaput-te Wörter stehen an der Tafel)
- Einsatz von Partnerdiktaten,
Diktieren von Wörtern und Sätzen,
Schüler mit Lernschwierigkeiten arbeiten mit einem Lernpartner oder mit der Lehrerin zusammen.

Nach solchen oder ähnlichen Vorbereitungen ist das Schreiben des Diktates selbst keine „Ausnahmesituation". Die Schüler haben gezielt geübt und können nachweisen, was sie schon alles richtig schreiben können.
Den Text diktierte ich bei diesem Beispiel nicht im Klassenverband. Die Kinder schrieben ihn in zwei Gruppen, die im Rahmen des Förderunterrichts unter Berücksichtigung des unterschiedlichen Arbeitstempos gebildet wurden.

Beispiel: Wir schreiben über uns
Erstellung eines Buches für die Klassenbücherei innerhalb des fächerübergreifenden Unterrichts
Zeitpunkt: Vor den Sommerferien
Zusammenhang der Arbeit:
Innerhalb des Sachunterrichts behandelten wir das Thema:
Meine Familie. Wir sprachen unter anderem über Verwandtschaftsbeziehungen und trugen entsprechende Begriffe in unser ABC-Heft ein. Besonderen Spaß machte es den Kindern, etwas darüber zu erfahren, was sie früher als kleine Kinder angestellt hatten. Sie fragten ihre Eltern aus und erzählten. Um die Geschichten nicht zu vergessen, beschlossen wir, ein kleines Buch darüber zu machen. Hierfür konnten wir mittlerweile viele Wörter aus dem ABC-Heft gebrauchen. Mögliche Punkte, worüber jedes Kind schreiben konnte, waren:

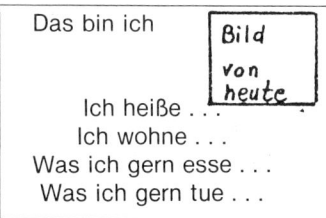

Beispiel: Wir erfinden Geschichten mit Wörtern aus dem ABC-Heft
Zeitpunkt: Über das ganze Schuljahr verteilt
Zusammenhang der Arbeit:
Das Wichtigste für die Kinder und mich war, daß wir Spaß daran hatten, Geschichten zu erfinden oder eigene Erlebnisse aufzuschreiben. Wörter aus dem ABC-Heft wurden „lebendig" oder — anders gesagt — sie wurden für die Schreibmotivation genutzt und in neuen Zusammenhängen verwendet.
Zunächst einmal versuchten wir gemeinsam, eine Geschichte zu erfinden. Als Reizwörter wählten wir Bach, Bauer, Ball. Wir schrieben sie ab und malten dazu. Ein Exemplar kam in die Lesekiste.
Einige Kinder probierten daraufhin, selbst Geschichten zu schreiben. Sie taten das z.B., wenn sie mit bestimmten Aufgaben fertig waren. Sie schrieben allein oder arbeiteten mit dem Partner zusammen.
Die Kinder lasen mir die Geschichte zunächst allein vor, und wir besprachen, was man noch nicht ganz verstehen konnte als Leser. Betreffende Stellen änderten wir. Rechtschreibfehler korrigierte ich. Dann schrieben die Kinder ihre Geschichten entweder in der Schule oder zu Hause noch einmal ab, malten Bilder dazu und lasen sie in der Klasse vor.
Im Laufe des Schuljahres war eigentlich jedes Kind darauf bedacht, eine eigene Geschichte in der Lesekiste zu haben. Mit Schülern, die große Schwierigkeiten hatten, arbeitete ich im Förderunterricht zusammen. Sie erzählten die Geschichte, und ich schrieb sie als Entwurf auf. Danach schrieben die Kinder sie selbst ab.
Beispiele:

Die Blume
Gestern kaufte Mama eine Blume für Oma. Oma legte die Blume auf den Tisch. Da kam die Katze und machte die Blume kaputt. Oma war traurig. Mama kaufte eine neue Blume für Oma.

Das Mädchen und der Ball
Das Mädchen spielt mit dem Ball. Da rollt er in den Bach.
Das Mädchen will den Ball holen. Es läuft ins Wasser und sieht einen Fisch.
Es fragt: „Fisch, warum kannst du nicht reden?"

Diese Geschichte ist von Kim, einer ausländischen Schülerin. Sie wollte zu Blume, Oma und Katze eine Geschichte schreiben und bat mich, ihr beim Aufschreiben zu helfen.

Diese Geschichte ist von Simona. Sie hat die Geschichte selbständig im Förderunterricht geschrieben zu den Wörtern Mädchen, Ball, Bach, Fisch.

Die kleine Geschichte von Hans und Hasso

Der Hase Hans spielt mit einem Hut.
Er stößt ihn vor sich her und springt hinein.
Plötzlich kommt der Hund Hasso angesaust.
Vor Schreck schlägt Hase Hans 7 Haken.
Hasso läuft hinter dem kleinen Häschen her
und erwischt den Hut.

Diese Geschichte mit lauter H-Wörtern hat Jens sich ausgedacht.

Auf einen Blick

Welche Vorzüge hat die Arbeit mit einem Grundwortschatz?

Die *Schüler* (und auch die Eltern) können
— überschauen, *was* gelernt werden soll,
— gezielt üben, da das Wortmaterial begrenzt ist,
— selbständig und selbstverantwortlich lernen, da sie mitbeteiligt werden und die Arbeit im Rechtschreiben kontinuierlich verläuft.

Die *Lehrer* können
— Lernfortschritte gezielt beobachten und Leistungskontrollen im Sinne von bestätigendem Lernen durchführen,
— Fehlerquellen feststellen und sinnvolle Maßnahmen zur inneren Differenzierung einplanen,
— Bewertungsfragen einsichtiger machen,
— bei Lehrerwechsel an die vorangegangene Arbeit anknüpfen.

Von der *Sache* Rechtschreiben her wird
— der Lerneffekt erhöht, da durch ständige Wiederholung Wörter im Langzeitgedächtnis gespeichert werden können,
— Transferlernen ermöglicht, da die Schüler von der Schreibweise bekannter Wörter sich weitere erschließen können,
— Wissen über Besonderheiten der deutschen Rechtschreibung an vertrautem Wortmaterial gewonnen und gefestigt.

Wie wird ein Grundwortschatz aufgebaut?
— Lehrer können auf vorliegende Zusammenstellungen zurückgreifen, um häufig gebrauchte Wörter zu berücksichtigen.
— Lehrer müssen darüber hinaus in Zusammenarbeit mit den Schülern solche Wörter aufnehmen, die aus dem konkreten Unterricht der jeweiligen Klasse erwachsen.

Wie wird die Arbeit mit einem Grundwortschatz für das Verfassen eigener Texte genutzt?
— Kinder verwenden bekannte Wörter in neuen Sinnzusammenhängen.
— Sie werden sicherer im Umgang mit Schriftsprache und bekommen Zutrauen, eigene Geschichten aufzuschreiben.
  Hierzu gebrauchen sie weit mehr Wörter als die eingeübten. Denn der Sprachunterricht darf nicht zum Rechtschreibdrill vorgegebener Wörter verkümmern. Umgang mit Sprache muß die Schüler etwas angehen und sinnvoll für sie sein.

LITERATUR

ADRION, D.:
Praxis des Rechtschreibunterrichts. Freiburg i. Breisgau 1978

BARTNITZKY, H.:
Auf dem Weg zum differenzierten Schulalltag.
In: Grundschule 1/1982

DRUNKEMÜHLE, L. / POLLERT, M.:
Differenzieren läßt sich lernen. Frankfurt/Main 1980

GREIL, J.:
Rechtschreiben in der Grundschule. Donauwörth 1981

GRÜNEWALD, H.:
Weniger Rechtschreibfehler — durch veränderte Ausgangsschrift.
In: Grundschule 2/1981

HASLER, H.:
Der klassenbezogene Grundwortschatz.
In: Die Grundschule 11/1981

KERN, A.:
Rechtschreiben in organisch-ganzheitlicher Schau. Braunschweig 1961

KERN, A. / KERN, E.:
Der neue Weg im Rechtschreiben. Freiburg i. Breisgau, 6. Auflage 1969

KOCHAN, B.:
Rechtschreiben.
In: H. Bartnitzky / R. Christiani (Hrsg.), Handbuch der Grundschulpraxis und Grundschuldidaktik. Stuttgart 1981

KOCHAN, R.:
Der Grundwortschatz.
In: Grundschule 11/1981

LICHTENSTEIN-ROTHER, I.:
Innere Differenzierung — ein Auftrag der Grundschule.
In: Grundschule 1/1982

MENZEL, W.:
Zur Didaktik der Orthographie.
In: Praxis Deutsch, Heft 32, Nov. 1978

derselbe:
Schreibenlernen — Lesenlernen.
In: Grundschule 6/1976

derselbe:
Erstlesen - Erstschreiben als Grundlage der Lese- und Rechtschreibfähigkeit.
Referat einer Tagung in Bielefeld, Sept. 1980

NEUHAUS-SIEMON, E. (Hrsg.):
Schreibenlernen. Königstein 1981

ODENBACH, K.:
Allgemeine Übungsgesetze.
In: G. Spitta u.a.,
Rechtschreibunterricht. Braunschweig 1977

PALLASCH, W. / ZOPF, D.:
Methodix-Bausteine für den Unterricht.
Weinheim und Basel 1980

PETERSEN, P.:
Führungslehre des Unterrichts.
Weinheim, 8. Auflage 1969

PLICKAT, H.-H. / WIECZERKOWSKI, W. (Hrsg.):
Lernerfolg und Trainingsformen im Rechtschreibunterricht. Bad Heilbrunn 1979

REGELEIN, S.:
Lernspiele für die Grundschule.
Ansbach, 2. Aufl. 1979

SCHULZ, W.:
Unterrichtsplanung.
München, Wien, Baltimore, 3. Aufl. 1981

SENNLAUB, G. (Hrsg.):
Heimliches Hauptfach Rechtschreiben.
Düsseldorf 1979

VESTER, F.:
Denken, Lernen, Vergessen.
Stuttgart 1975

VESTER, F.:
Schulen entfremden uns der Wirklichkeit.
In: Allgemeiner Schulanzeiger 3/1981

WEISGERBER, B.:
Zehn Thesen zum Rechtschreibunterricht in der Grundschule.
In: Die Grundschule 2/1970

WATZKE, O.:
Rechtschreibunterricht in der Primarstufe.
München 1976

Handreichungen für die Grundschule,
        Lesenlernen Teil 1,
        Rechtschreiben Teil 1,
        Landesinstitut für Curriculumentwicklung,
        Lehrerfortbildung und -weiterbildung.
        Neuss 1981.

SPRACHSTATISTISCHE UNTERSUCHUNGEN ZUR RANGHÄUFIGKEIT VON WÖRTERN DER DEUTSCHEN SPRACHE UND VORGEGEBENE GRUNDWORTSCHÄTZE
— geordnet nach dem Erscheinungsjahr —

KAEDING, F.W.:
Häufigkeitswörterbuch der deutschen Sprache. Berlin 1898

WÄNGLER, H. H.:
Rangwörterbuch hochdeutscher Umgangssprache. Marburg 1963

MEYER, H.:
Deutsche Sprachstatistik. Hildesheim 1964

PFEFFER, J. A.:
Grunddeutsch Basic (Spoken) German Word List, Grundstufe. New Jersey 1964

OEHLER, H.:
Grundwortschatz Deutsch. Stuttgart 1966

STEGER, H. / KEIL, M.:
Wortliste für das VHS-Zertifikat Deutsch als Fremdsprache, Deutscher Volkshochschulverband e.V., Pädagogische Arbeitsstelle Frankfurt/Main 1971

WENDELMUTH, E.:
Mindestwortschatz für den Rechtschreibunterricht in den Klassen 1 - 4.
Berlin (Ost) 1971

ORTMANN, W. D.:
Hochfrequente deutsche Wortformen I, 7995 Wortformen nach der Kaeding-Zählung, hrsg. vom Goethe-Institut. München 1975

Vorläufiger Rahmenplan für den Unterricht und Erziehung in der Berliner Schule, Grundschule: Deutsch/Rechtschreibung, Hrsg.: Senator für Schulwesen. Berlin 1977 (darin enthalten ist der Grundwortschatz für die Klassen 1 - 4).

PLICKAT, H.-H.:
Deutscher Grundwortschatz.
Weinheim und Basel 1980

Lehrplan für die bayerischen Grundschulen, Amtsblatt des Bayerischen Staatsministeriums für Unterricht und Kultus. Sondernummer 20, 7/1981, München 1981 (darin enthalten ist der Grundwortschatz für die Jahrgangsstufen 1 — 4).

RATHENOW, P.:
Minimalwortschatz Rechtschreiben Klasse 1
Minimalwortschatz Rechtschreiben 2. Klasse.
In: Naegele / Haarmann / Rathenow / Warwel (Hrsg.):
Lese- und Rechtschreibschwierigkeiten, Arbeitskreis Grundschule e.V..
Frankfurt am Main 1981

Wichtige Orientierungen für den Lehrer bietet der Materialband:

Grundwortschätze

Aufgeführt werden alle amtlichen **Grundwortschätze** und mehrere in Klassen erarbeitete **Klassenwortschätze**.
Ergänzt wird der Band durch die Dokumentation **grundlegender Beiträge** zum Thema von Heiko Balhorn, Wolfgang Menzel, Gudrun Spitta, Bernhard Weisgerber.

Bestellnummer 50071